张毅龙 著

基础教育策论

湖南教育出版社
HUNAN EDUCATION PUBLISHING HOUSE

**图书在版编目（CIP）数据**

基础教育策论/张毅龙著. —长沙：湖南教育出版社，
2011.7
ISBN 978-7-5355-8169-3

Ⅰ.①基… Ⅱ.①张… Ⅲ.①基础教育—研究—中国
Ⅳ.①G639.2

中国版本图书馆CIP数据核字(2011)第125865号

JICHU JIAOYU CELUN
基础教育策论

张毅龙　著

| | | |
|---|---|---|
| 责任编辑 | 王　芳 | |
| 责任校对 | 刘　萍 | |
| 出版发行 | 湖南教育出版社(长沙市韶山北路443号) | |
| 客　服 | 电话0731-85118546 | |
| 经　销 | 全国各新华书店 | |
| 印　刷 | 长沙金鹰印务有限公司 | |
| 开　本 | 710×1000　1/16 | |
| 印　张 | 15 | |
| 字　数 | 125000 | |
| 版　次 | 2011年7月第1版 2018年3月第2次印刷 | |
| 书　号 | ISBN 978-7-5355-8169-3 | |
| 定　价 | 54.00元 | |

湖南教育出版社图书若有印装错误可向客服联系调换
提供盗版线索者给予重奖

# 目 录

## 课程改革与教学

## 普通高中教育与改革

## 域外教育

## 理论与机制保障

# 教育安全与管理

# 有效加强中小学幼儿园安全教育与机制建设

近年来，一些地方的中小学和幼儿园接连发生了危及师生生命安全的恶性案件和意外事故，造成无法挽回的损失，令人痛心。《国家中长期教育改革和发展规划纲要（2010—2020）》明确指出：要"加强师生安全教育和学校安全管理，提高预防灾害、应急避险和防范违法犯罪活动的能力"，要加强校园和周边环境的治安综合治理，为师生创造安定有序、和谐融洽、充满活力的工作、学习、生活环境。如何做好幼儿园安全教育与机制建设，已成为基础教育领域重要而又亟待有所创新和突破的课题。而要突破课题，我认为以下四个方面的工作十分重要。

## 一、理清基本思路

从教育安全的中心内容来看，大致可分两步。一步是我们需要从整个社会中明确地分离出我们基础教育工作者应认真履职履责的领域或事项。涉教安全应区别于社会安全（包括打砸抢、强制拆迁等）。将安全教育与教育机构机制建设厘清，是合理、有效地研究和实践的前提条件。第二步是在我们应尽职责的领域和事项中按逻辑明确地分离出若干个具体的领域，如对师生开展安全教育，尽管是学校、家庭和社会的共同责任，但主要责任在学校。教育的内容应包括交通安全教育、饮食卫生安全教育、防溺水教育、消防安全教育、课堂教学安全教育、预防不法侵害教育、预防自然灾害教育、法制教育等。这些具体领域又可细化为若干具体事项，如交通安全教育。学校应结合中小学生和幼儿的特点，加强对中小学生和幼儿在行走、骑车、乘车方面的交通安全知识教育，强化学生交通安全意识，增长学生交通安全知识，培养学生良好的交通行为习惯，提高防范交通事故的能力。教育学生自觉遵守交通规则，确保行路安全。教育学生不乘坐低速载货汽车、三轮汽车、拖拉机等非客运车辆，不乘"黑车"、"病车"和超载车。突出加强对中小学生特别是骑自行车的学生遵守交通法规的管理教育。

饮食卫生安全教育。学校应按照教育部的有关要求，落实学校健康教育课程计划，向学生传授健康教育知识，增强学生自我保健意识。根据不同年龄段开设不同内容的健康教育课程，小学五年级至普通高中应开展禁毒教育，中学应开展预防艾滋病健康教育。加强进行饮食健康方面的教育，要求学生不买流动摊点的食物，不买"三无"食品。教育学生节制饮食，不抽烟不饮酒不暴食。应根据不同季节疾病预防的重点，开展卫生常识宣传教育，提高学生的健康意识和自我保护能力。应加强突发疾病救治常识教育，防中暑、防煤气中毒等的安全教育。

班主任应积极参与做好卫生保健工作，掌握学生身体健康状况，了解健康教育课内容。

防溺水教育。教育中小学生不在无家长或老师的带领下私自下水游泳，不在上学与放学路上，也不在节假日私自或结伴到水库、池塘等非游泳水域游泳，不到无安全设施、无救护人员的水域玩耍、游泳，不到不熟悉的水域游泳；在池塘等水域边洗手、洗衣、洗菜时要特别注意安全；未成年学生不贸然救助落水同伴，要就近向成年人呼救，防止因盲目施救而导致群死事件。

消防安全教育。向师生传授有关消防法规、消防安全管理制度、保证消防安全的操作规程，有关本校、本岗位的火灾危险性和防火的措施，有关建筑消防设施、灭火器材的性能、使用方法以及操作的规程，有关扑救初期火灾、自救逃生的技能，灭火和应急疏散预案的内容、操作程序等知识。应使教师掌握初期火灾处置和引导学生逃生疏散的基本方法，使学生掌握报警和逃生自救的基本技能。

向师生员工宣传安全用电、安全用天然气或煤、安全进行实验操作等消防安全知识，促使养成良好的行为习惯，帮助提高应对火灾险情的能力，做到主动维护消防安全，保护消防设施，熟知火警报警电话，掌握消防自护自救常识和安全逃生技能。

课堂教学安全教育。教育学生如在课堂教学中出现身体不适或电线电器故障等情况，要及时报告。针对实验课存在电、毒、腐蚀、爆炸等隐患，针对体育课使用体育器械、在户外进行、有剧烈运动甚至对抗等特点，对学生进行专项安全教育。进行社会实践活动、课外活动前，应教育学生注意行车、行走安全，加强纪律教育，告诫学生未经同意不准单独活动，活动期间保持通讯畅通。

预防不法侵害教育。学校应教育学生认识与陌生人交往中应当注意的安全问题，提高自我防范意识，教育学生尽量不携带贵重物品和过多现金到学校，不携带或隐匿危险物品、器具，不私自到夜总会、宾馆、网吧等娱乐场所活动。教育学生学会应对可疑陌生人的方法，学会应对敲诈、恐吓、性侵害、暴力犯罪等突发事件的基本技能，形成在遇到危及自身安全时及时向教师、家长、警察求助的意识。教育学生与同学、老师友好相处，形成和解同学之间纠纷的意识，学会调节和控制自己的情绪，抑制自己的冲动行为，不进行危险游戏，自觉抵制校园暴力，维护自己和同学的生命安全。

预防自然灾害教育。教育学生了解学校所在地区和生活环境中可能发生的暴雨、雷电、泥石流、台风、火灾、地震等突发性自然灾害及其危险性，学习躲避自然灾害引发危险的方法，并进行模拟演练，学会在自然灾害发生时的自我保护、求助及逃生的技能。

法制教育。学校应按《中央宣传部、司法部、教育部、全国普法办关于印发〈中小学法制教育指导纲要〉的通知》（教基〔2007〕10号）等规定，全面、规范地开展法制教育，将法制教育融入课堂教学和学校教育活动的各个环节。应教育学生了解预防未成年人犯罪法的有关内容，知道违法和犯罪的含义，认识违法犯罪的危害。

## 二、内化意义价值

我们知道，解决各种矛盾的方法是统筹兼顾。科学发展观要求全面发展、系统发展、协调发展、安全发展、可持续发展，总之是贯穿以人为本、充满理性思维的发展。教育活动是教书育人的活动，培养全面发展的公民是教育目的。在当下，社会日益复杂化、快节奏化、竞争激烈。对学生的管理是否得法，影响到培养质量。管理的内容和范围非常广泛，涉及学生的日常行为、学籍与成绩、生活和卫生、课外活动、班级生活、课堂秩序等。通过管理，维护正常的学校教学秩序和学生生活秩序，使教育教学活动正常进行；并且在各种管理过程中培养学生良好的学习、生活和行为习惯，使学生逐渐具有基本的自理能力、自制自治能力和独立处理日常生活的能力，从而间接或直接地实现全面发展。有效加强中小学幼儿园安全教育与机制建设就是管理的一项重要任务。它必须遵循合理合法的原则，遵循教育规律和学生身心发展规律。这是对我们基础教育工作者管好学生的前提条件和基本要求。从而，加强中小学幼儿园安全教育与机制建设至少有两层意义和价值。其一，对社会而言有利于维护社会稳定，构建和谐社会。师生员工的生命安全和健康生活，关系到千家万户，关系到社会和谐与稳定。其二，创造有利于广大中小学幼儿园师生员工健康生活的良好环境，确保师生员工的健康与生命安全，是学校工作第一位的责任。他们的生命安全和健康生活都不保，谈何教育？以往，我们对教育安全有认识、有认同，甚至有文件政策规章，但事故的频显，暴露出我们工作中欠缺内化了的自觉行为。因此，当前最主要的不是规定的残缺，而是如何将已出台的规章制度因地制宜地有效落实。确保师生员工健康、安全是他们的一项权益，而且是最主要的权益。加强中小学幼儿园安全教育与机制建设的意义和价值还表现在：一是落实"以人为本"、"育人为本"科学发展观的方式和途径；二是确保正常教育教学秩序的措施和手段；三是促进学生全面发展的内容和工作。我们应该努力提升中小学幼儿园安全教育与机制建设的水平，增强师生安全意识和防护能力。

## 三、整合教育理念

　　整合教育理念是教育安全工作顺应教育领域各个方面显著变化的需要。显著变化突出地表现在：一是知识传递模式发生了巨大的变化。在知识获得途径多元化的今天，在教育生活中提倡民主、平等的师生关系，更利于知识的传递和创新，也更契合学生的学习生活与实际心态。二是教育对象发生了很大变化。随着法制建设的加强，师生员工及学生家长的主体意识和权利意识逐渐增强，学生的权力不能受到侵害。三是教育法制化的趋势增强，对教育的要求和影响是多方面的，其中之一便是教职工不侵犯学生权利，尊重学生权利，依法执教。如何将这种要求变为实际行动，就要求教师要确立现代学生观。这就要求我们每一位教育工作者要从观念和态度入手，创立民主、平等、和谐相处的氛围，建立新型民主的师生关系，共同发展。加强安全教育与机制建设必须贯彻教育理念，否则，工作就会无意义甚至盲目、机械。教育理念问题还是整个教育工作的难点问题，谁都可以讲几句，就是难透彻。之所以难，是因为这项工作是对整个教育工作的检验；而教育理念又折射出整个社会的理念，诸如教育与社会、经济、文化的关系理念、人及其发展的理念。教育安全工作需要对这些理念进行有效的整合。例如，关于人的发展的理念，当前特别强调人的全面而有个性的发展；在教育与社会方面，当前特别强调教育要引领社会需求，这些都需要我们加以整合，都需要我们因地因校制宜，将这些理念贯穿于教育安全工作中，贯穿于整个教育安全具体操作和评价中。

## 四、建立长效机制

教育安全应该是学校、幼儿园和社会各方共同努力的结果。在转型社会中，既需要强制性的制度规范，也需要学校、幼儿园自身的防范调节。

强制层面就是要求依法依规操作。教育工作的根本出发点和归宿是一切为了学生。制度规范有利于促进学校、幼儿园及其师生员工按规则办事，履行职责、规范和约束其行为，保障师生员工享有各项权利和自由，克服随意现象。依法依规是时代的要求，它不仅意味着教育工作的方式，而且意味着教育秩序的稳定，意味着教育工作水平的提升。坚持依法依规，其核心问题是两个：一是教育法规没有完全落实。当下教育法规不算少了，但执行得却不怎么样，关心得严重不够。有些涉教安全制度"看上去很美"，一旦进入运行，却并没有想象中那么"务实管用"。执行制度时，有的有规不依，有的变通规避，有的标准多重，有的奖惩不明，结果"制度写在纸上、贴在墙上、念在嘴上"。300多年前，英国哲人培根说过："有制度不执行，比没有制度危害还要大。"可现实很残酷。比如学校、幼儿园的人防、物防、技防、交通和消防等设施配置，本应由财政投入，但现实是在依法办学的名义下形成的一些习惯性做法，相反使教育法规大打折扣，形同虚置。二是管理体制没有安全理顺。中小学幼儿园是相对独立的教育组织。因而，其组成、职责划分、运作方式等都有一定的规则，并逐步形成了一套体制和机制。如何使这套体制和机制更好地运行，更有效地实施教育，涉及到的就是管理体制的问题。比如事权与财权的分离，比如校园校舍建设不规范及其周边综合治理问题，比如办学模式、培养方式没有自主权。造成有些事情争着管，有些事情相互推诿，谁也不管的局面。这是我们今天面临的现实问题。因此教育安全一定要从理顺管理体制上着手。可以说，不理顺管理体制，就谈不上教育安全。如何理顺？从实践上看，首先是要让学校幼儿园按法规确立的地位自主运作，其次是要改变政府及其行政部门管理教育的方式。政府管理教育是其职责。但问题是插手学校幼儿园事务太多，致其缺乏主体性，运作起来束手束脚。基于此，在依法依规操作中，一要围绕履行政府职能，坚决转变职能，真正促进政府转向为"服务型政府"。二要围绕对国家未来、对学生负责这个中心，加强和改进规范制度建设。三要大力推行责任制、考核制和过错追究制。四是切实提高依法兴教、依法治教的能力和水平。

从自身防范调节层面就是要借助学校、幼儿园自身的力量进行自我调节和控制。具体来说，一是发挥自身功能。对一级政府来说，要想完全承担起所有教育安全的任务是根本不可能的。因此，除了政府及其行政部门承担一部分管理事务外，还需充分发挥学校、幼儿园的积极性和主动性，加强管理，形成在教育安全方面有机统一、协同配合的机制，以全方位、多角度地应对。二是建立健全的自身工作机制。围绕机制建设应注意把握以下要点：建立健全学校、幼儿园安全制度。任何制度的制订都有其特定的背景条件和针对性。因此，在我们面对时间、地点、条件和社会大环境的变化时，其制度本身也要不断修正、完善，做到与时俱进、吐故纳新，不断进行制度的自我批判与创新，特别对一些重大问题进行集体讨论，民主决策，细化每个岗位的安全责任，负责任的学校必然将责任分解落实到每项工作，落实到每个人、每个环节，实行"一日一巡查、一周一调度、一月一通报"，及时化解各类矛盾；培育和完善校园安全组织，比如班级设学生安全员。三是发挥校园人的作用，并定期开展安全演练。四是建立一套畅通的校园减压释压机制、报告和反馈机制，以变化了解变化，适应变化，应对变化。五是建立和健全品德教育机制。教师应当遵守职业道德规范和工作纪律，不得侮辱、殴打、体罚或变相体罚学生，对问题学生应及时帮教，引导校园人正确处理个人利益和集体利益，局部利益和整体利益，眼前利益和长远利益的关系，树立正确的生命观、人生观、世界观、价值观，提高自己的辨别能力、自我调节、自我约束能力以及解决矛盾的能力，从而自觉调整和规范自己的行为。对于突发安全事故，应主要通过舆论导向、宣传教育、说服疏导、心理辅导等方法，妥善处理。

校园与家庭、社会

# 湖南未成年人校外教育[1]

领导重视，部门联动。湖南省按照党中央国务院的部署，从全面建设小康社会的战略高度，统一思想，提高认识，建立了"党委统一领导，党政群齐抓共管，文明委组织协调，有关部门各负其责，全社会积极参与"

---

[1] 已载河北教育出版社《中国校外教育工作年鉴（2007—2008）》（上卷）。

的领导体制和工作机制，并分别落实了工作人员、工作经费和场所，形成了加强和改进未成年人校外教育的浓厚氛围。省、市、县各级政府把未成年人思想道德建设工作纳入经济、社会发展总体规划，摆上重要议事日程，并加大青少年文化设施和校外教育活动场所建设的投入。

各级教育行政部门充分发挥主导作用，建立了"一把手"抓校外教育的领导机制和工作机制，广大中小学校建立了由书记、校长、德育副校长、政教主任、团委书记、班主任、任课教师、学生家长、校外辅导员共同组成的未成年人教育网络，并将工作能力强、精力充沛、思想素养高的教师充实到学校德育工作的领导岗位。最基层的教师及时了解、把握德育工作的新情况、新动向，研究探讨校外教育工作规律，不断创新总结新思路、新方法，为德育工作的深入推进奠定了坚实的基础。

同时，教育行政部门密切联系相关单位建立了合作机制。如宣传、文艺、影视广播、出版、新闻界充分挖掘和利用省内丰富的德育资源，精心策划选题，积极创作，出版和播放了许多优秀的文学艺术和影视作品，为青少年健康成长提供了精神食粮；信息管理部门和学校加强了对电子信息产品和计算机网络的监管，各类互联网站加强正面宣传，传播先进文化，倡导文明风气，为青少年学生提供健康有益的绿色网上空间。公安、工商、文化管理部门加强对文化市场和娱乐场所的管理，依法对学校周边的文化、娱乐、商业经营活动进行监督和管理，进一步净化了未成年人的成长环境。工会、共青团、妇联和关协等群众团体也各负其责，分工合作。

统筹规划，突出重点。全省教育系统遵循中小学生身心发展和思想品德形成的规律，结合不同学校的实际情况，根据不同年级、不同学生的特点，分阶段、分层次确定教育目标，以增强教育工作的针对性和实效性。各地各学校密切联系学生实际，结合德育工作来开展，认真探索总结，形成了小学阶段以养成教育为主，中学阶段以公民教育为主，高中阶段以理想前途教育为主的目标体系。

全面实施中小学校德育整体建设工程。2008年，在中小学整体建设工程不断推进并取得一定成效时，我们收集整理各地、各校的典型经验材料，汇编成《构建孩子成长的精神家园——湖南省推进德育整体建设工程巡礼》一书。

设立湖南省中小学芙蓉创新奖。2008年，为了进一步激发兴趣，培养广大青少年的创新精神和实践能力，调动学校、教师的工作积极性，我们制定了《湖南省中小学生芙蓉创新奖实施办法》，并以省政府办公厅的名义下发至各市州、县市区政府。《实施办法》面向所有中小学生、科技辅导教师、学校、校外教育机构和业务管理部门，相应设立"芙蓉创新奖"学生奖、"芙蓉创新奖"组织奖、"芙蓉创新奖"优秀科技辅导教师奖三类大奖项。同时，我们还成立了"湖南省中小学生芙蓉创新奖评审委员会"，下设"湖南省中小学生芙蓉创新奖学科评审委员会"。

开展全省基础教育教学成果奖评审活动。2008年，我们组织了第二届基础教育教学成果奖评审活动。活动共有101个项目获奖，其中德育类获奖项目达10多项（校外教育项目6项）。活动的开展促进了校外教育工作的理论研究，推动了未成年人的思想道德建设。

深化课程改革，发挥课堂主渠道作用。一是充分挖掘和整合德育资源，开发地方德育课程，把爱国主义、民族精神教育、诚信教育、革命传统教育、中华传统美德教育、民主法制教育、地方文化教育有机结合起来，增强了德育工作的地方性、针对性和实效性。《湖南地方文化常识》、《生命与健康常识》独具乡土特色的地方课程的开设，拓展了德育教育工作的渠道。二是推行初中毕业考试和高中招生制度改革。我们在初中毕业生学业考试、综合素质评价、高中招生录取三方面进行了大胆地探索和实践，制定下发了《关于基础教育课程改革实验区初中毕业考试与普通高中招生制度改革的实施意见》。《实施意见》一改过去单以学业成绩评价录取学生的作法，注重学生全面素质的考评，包括道德品质、公民素养、学习能力、交流与合作、运动与健康、审美与表现等内容，有效促进了学生全面发展。近年来，全省各地已基本建立健全了学生全面发展的监测评估体系。

创新思路，拓展途径。一是突出师德师风，加强教师队伍建设。我们要求每一位教职工都要认真实践《公民道德建设实施纲要》、《爱国主义教育实施纲要》，并先后发掘、宣传了胡昭程、盘振玉等先进典型，并以此加强师德师风建设。以治理教育乱收费和教师家教家养为重点，加强教育行风建设，并即将出台重新修订的《关于规范中小学办学行为的若干规定》。同时，根据新形势和新要求，对班主任队伍建设的目标、内容及职业进一步予以明确要求，有效促进了班主任队伍的制度化、科学化、合理化。

二是积极开展形式多样的校园文化活动，最大限度地调动发挥学生的积极性、主动性和创造性。利用各种传统节日，法定节日，革命领袖人物的诞辰和逝世纪念日，建党纪念日，红军长征、辛亥革命等重大历史事件纪念日，九一八、南京大屠杀等国耻纪念日，设计、开展丰富多彩的活动，并充分利用远程信息技术教育手段，通过卫星电视和网络播放爱国主义、理想信念教育和反映祖国建设伟大成就的电影、电视片。利用学生入学、入队、入团、成人宣誓等有特殊意义的重要日子，到各类博物馆、韶山、花明楼、雷锋纪念馆、长沙烈士公园等爱国主义教育基地，集中开展思想道德主题宣传教育活动，开展"雷锋家乡学雷锋"等系列主题活动；利用寒暑假组织夏令营、冬令营、革命圣地游、红色旅游、绿色旅游以及各种参观、瞻仰考察活动。

三是每年9月份，认真组织弘扬和培育民族精神月活动，引导青少年弘扬民族精神，增进爱国情感，提高道德修养。近年来，我们紧紧围绕抗日战争胜利及世界反法西斯战争胜利60周年、红军长征胜利70周年和改革开放30周年纪念，结合各地实际，开展形式多样的弘扬和培育民族精神教育的活动。

四是充分发挥青少年校外教育联席会议作用，建章立制，加强青少年学生校外教育活动场所的建设和管理。每年，我们都组织对校外活动场所管理人员进行培训和成立专项督查组，对全省已批复的校外教育场所进行一次全方位的督查，对在督查中发现的问题，都要求限期整改。迄今为止，全省共落实117个校外活动场所建设项目，其中国家级77所，省级40所，县市区覆盖率达97%，投入资金数亿元，已竣工投入使用的有近50个项目。据不完全统计，凡是已建成并正式投入使用的青少年活动中心，所在地的所有中小学生都参加过活动中心组织的活动，全省参与活动的中小学生达到200万人次，大大发挥了这些场所良好的育人效益。

五是了解和掌握青少年普遍关心的热点难点，高度重视各种流行文化对中小学生的影响，及时发现并研究中小学生的文化热点、积极引导，有效地抵制粗口哥、不健康口袋书、非法彩票等不良文化，分清是非观念，使学生受到教育和启迪。积极开展各种富有趣味性、娱乐性的课外文体活动、怡情益智的课余兴趣小组活动和力所能及的公益性活动，举办了全省青少年科技创新大赛、青少年才艺展示和实施湖南少先队"阳光行动"等多种活动，培养了学生的创新意识，丰富了课外生活。

六是结合落实《中小学生守则》和《中小学生日常行为规范》，大力开展中小学生文明习惯养成教育和法制教育。每年6月26日，在中小学生中广泛开展"珍惜生命，远离毒品"教育和崇尚科学文明的教育，反对迷信邪教，坚持防止毒品邪教进校园，以此不断提高中小学生道德素养和法制意识。尤其针对单亲家庭、经济困难家庭、进城务工家庭等特殊家庭的学生以及农村"留守儿童"存在的心理问题，开展心理健康教育和辅导，培养学生良好的心理品质。

七是鼓励创新，及时总结推广先进典型，创设"比、学、赶、超"氛围，无论从内容、形式到方法，各地都因地制宜，探索了一些做法和经验。近年来，我们先后推出了：长沙市为落实整体建设工程的要求，制订了具体工作方案，切实抓好骨干培训，筹备成立了市青少年心理咨询中心，强化德育评价和表彰；长沙市雨花区以创建"青少年教育示范区"为载体，把未成年人思想道德教育融入文明社区、文明楼栋创建活动，形成了强有力的教育网络；邵东县三中的"扬善教育"，华容县一中结合学校实际提出了对学生进行以"爱心孝德教育"为主要内容的传统美德教育系列；怀化市的"红色教育"进课程，湘潭市雨湖区的学校、社区、家庭

"1+1+1"德育模式等，创新了德育的内容、方式和方法，取得了很好的效果。

八是积极推进家庭、社会、学校三结合的思想道德教育网络建设。我们高度重视、加强指挥和发展家庭教育，比如长沙市、常德市等地市教育行政部门和妇联、关工委一起办好家长学校、家庭教育指导中心，探索建立家庭教育与社会教育、学校教育和社区教育紧密结合的工作机制。为了切实维护未成年人合法权益，教育系统主动联系，并充分挖掘社区资源，帮助完善社区教育，积极配合有关部门开展校园周边环境综合治理，坚持不懈地开展扫黄打非斗争，为学生健康成长创造了良好的社会环境。此外，全省教育系统还积极联合关工委，充分发挥老干部、老战士、老专家、老教师、老模范"五老"在加强和改进未成年人思想道德教育中的作用，采取知识性、趣味性、体验性、互动性、公益性、服务性的活动方式，整体构建以学校为龙头、以家庭为基础、以社会为依托的三位一体的思想道德教育网络，确保未成年人思想道德建设工作落到实处。

# 在沟通中成长①

第三届少年儿童书信文化活动利用"小伙伴，我想对你说"这一情感主题，受到了广大少年儿童和家长的积极参与。他们让少年儿童和身边的小伙伴用信沟通，抒发他们对发生在他们身边和他们彼此间所经历事件的

---

① 2008年9月26日下午在第四届少年儿童书信文化活动湖南赛区启动仪式上的发言。

看法、意见和建议，倾述他们在学习、生活和思想上的进步与快乐、困惑与烦恼，达到了较好的社会效果。

为了进一步落实中央文明办、教育部、团中央、全国妇联在6月26日表彰的林浩等20名"抗震救灾英雄少年"和马小凤等30名"抗震救灾优秀少年"的会议精神，为了促进学习活动的深入开展，湖南省文明办、湖南省教育厅、团省委、湖南省妇联、湖南省少工委联合启动了向"抗震救灾英雄少年"和"抗震救灾优秀少年"学习的活动。开展这项学习活动要按照把社会主义核心价值体系融入国民教育和精神文明建设全过程的总体要求，落实进一步加强和改进未成年人思想道德建设的主要任务，引导广大未成年人学习"抗震救灾英雄少年"和"抗震救灾优秀少年"的先进事迹和可贵精神，汲取成长的力量，从身边小事做起，从一点一滴做起，树立远大志向，养成良好品德，掌握过硬本领，锻炼强健体魄，努力成长为德智体美全面发展的中国特色社会主义事业的合格建设者和接班人。

今天，我们在这里举行第四届少儿书信文化活动启动仪式，将继续组织以"学英雄少年，知改革开放，做四有新人"为主题的活动。为了将书信文化活动更进一步推向深入，使中华几千年的书信文化得以发扬光大，我提以下几点建议：

1. 统一思想，提高认识。今年是各级政府、部门、行业总结回顾中国改革开放三十周年伟大成就的总结之年、回顾之年，让广大的青少年朋友，通过"学英雄少年，知改革开放，做四有新人"为主题的第四届全国少年儿童书信文化活动，以书信为载体加深对改革开放的理解与认识，促进对赈灾英雄少年事迹的传播和推广，进而起到学习、交流、体验与感悟的作用。这对于当今少年儿童学会观察、关爱、互助以及书信写作，对他们思想品德的形成、美好情感的培养、行为习惯的养成都有着潜移默化的作用。各级教育部门和学校工作者应充分认识此次活动的重要意义，支持和鼓励广大学生踊跃参加，并制订切实可行的方案，确保本次活动的顺利开展。

2. 周密部署，有序开展。我们结合本地区实际情况，共同协商，制订出适合本地区特点的活动方案，开展形式多样的活动，宣传书信文化，展现书信魅力，促进活动的有序开展。如组织举办读书活动、专题讲座、各种实践活动等。同时书信文化活动要拓宽活动的参与面，既可以让少年儿童参加，也可以让大中专学生参加，让更多青少年亲身感受书信的魅力，将活动办出特色来。

3. 倡导多元，力求实效。书信的形式应该丰富多彩，既有想象作文，又可以写议论文、记叙文、童话故事、童谣、诗歌、散文，还可以是小发明。书信既可以用文字，也可以用绘画，更可以二者结合，更直观地展现青少年儿童的想象力。我们应认真倾听和总结书信活动中反映的少年儿童的心声，有的放矢的宣传典型，形成良好的导向。我们的学校和老师应把书信教学活动持续化、经常化、制度化，利用书信写作方式加强青少年的道德教育，为创建和谐家庭、和谐校园、和谐社会而开展更多具有深远意义的活动。希望全社会都来给予我们下一代更多的支持与关心，为青少年健康成长创造一个更良好的环境。

# 指导和推进家庭教育的抓手[1]

　　随着基础教育改革的不断深化，家庭教育已经成为全面推进素质教育的重要内容。充分发挥家庭的优势，整合学校、家庭、社会的资源，形成"三位一体"的体系，既是当前加强和改进未成年人思想道德建设的一个

[1]　2010年4月18日在对各市州申报省示范家长学校进行评估验收预备会上的发言。

重要举措，也是全面推进素质教育的重要任务。家长是孩子的启蒙老师，也是首席教师。家长对教育孩子具有天时、地利、人和的完全优势。正是由于家庭的特殊地位和功能，家庭教育已从一种自发形态转变为一种党和政府的意志，2004年，中共中央国务院《关于进一步加强和改进未成年人思想道德建设的若干意见》（中发〔2004〕8号）指出：要"重视和发展家庭教育"，"各级妇联组织、教育行政部门和中小学校要切实担负起指导和推进家庭教育的责任。"省委、省政府在《关于建设教育强省的决定》（湘发〔2008〕18号）明确要求："进一步发挥家庭教育在推进素质教育中的重要作用。……积极办好各级各类家长学校，建立学校与家庭良性互动的合作教育机制，帮助与引导家长培养子女诚实守信、尊老爱幼、热爱劳动、讲究卫生等良好品格与行为习惯，并以身示范，构建民主平等和睦的家庭关系，促进子女全面发展。加强家庭教育知识的普及宣传，开展家庭教育工作示范县市区创建工作，推进家庭教育工作科学化、社会化、法制化"。这一系列表述表明：一是全面推进素质教育，不仅仅是教育行政部门和中小学校的职责，也是全社会的共同义务。以人为本，科学发展，教育仅靠学校教育是不完全的教育；二是表明教育部门和广大中小学校对家庭教育负有指导和推进的责任；三是表明各级教育行政部门和广大中小学校要履好职，在以往工作基础上要以积极办好家长学校、积极创建家庭教育示范县市区为抓手，来建立学校与家庭良性互动的合作机制。

今天，厅关工委把我们厅关委的老领导和部分市州县的同志聚集起来，分成几个组对各市申报的省示范家长学校进行评估验收。应该说，这项活动的开展，必将对进一步贯彻落实中央8号文件、省18号文件起到积极的推动作用。同时，你们的活动，将对教育系统全面推进素质教育，充分发挥学校主渠道、主课堂、主阵地作用，并通过你们的活动，影响到这批申报学校以外的中小学校参与家庭教育，无疑都将具有启发和借鉴作用。在此，我要向大家表示深深的敬意和谢意。

我省的基础教育课程改革，如果从开福区率先实验算起，已经走过了10个年头。我们许多教育工作者也自以为已经走进了新课程，沐浴了新课程的洗礼，收获了新课程的成果。然而我们又普遍地感到这一"胜利"之果没有预想的那样丰硕和甘甜。或许，这说明课改到目前为止还只是一场"局部战争"——停留于教育行政部门和学校层面，还不是一场"人民战争"——没有家庭和社会的全力参与，甚至遭遇到一些"不理解"、"不理睬"。我认为抓示范家长学校创建，就可以甚至很好地解决新课程实施中的上下不贯通、前后不响应、左右不逢源等问题，我们完全有理由在教育的遗留处、在教育的遗漏处、在教育的遗失处、在教育的遗憾处以"教育，我们还能做什么"来诠释我们的职责，以一种更为主动、积极的姿态迎接新课程教育更深层面的挑战，通过管理创新、制度创新，也通过这样的评估验收，我们也完全有信心看到新课程教育的光明前程和美好前景。

今年，是"十一五"的最后一年，是继续扩大家庭教育和科学育儿知识的宣传和普及，使广大家长的整体素质和教育子女的能力得到全面提高年，是进一步完善家庭教育工作长效机制，推动学校、家庭、社会"三结合"的教育网络，提高家庭教育指导机构和指导者专业化水平，提高家长学校办学质量年，更是大力创办乡村、社区等各类家长学校或家庭教育指导中心，推进有关家庭教育法规完善，使家庭教育工作走上科学化、社会化、法制化轨道关键年。今年2月，全国妇联、教育部等部委又印发了《全国家庭教育指导大纲》，规范了家庭教育指导内容和要求。为认真做好国家和省有关家庭教育政策法规的贯彻落实工作，省教育厅正在起草《湖南省家庭教育示范县市区创建工作的指导意见》。为完善这一草案，提请大家在评估验收过程中，宣传我省家庭教育宏观层面的政策取向，注意收集各地各校成功经验与成果并升华，以便作好省级层面设计，从而推而广之，探索提高家庭教育科学性、针对性、实效性的方法、途径、模式、规律、机制、制度，以满足儿童和家长需求为出发点，不断创新和发展家庭教育。

# 虚拟世界的疏与堵[①]

　　青少年是民族和国家的未来。未来的人必须学会自由游刃于现实世界和虚拟世界。虚拟世界是一种人工环境，人文性是其基本特征。青少年上网是一种普遍性

---

①　　2010年1月18日上午在湖南省"共青团与人大代表、政协委员面对面"活动之网络游戏与青少年健康成长座谈会上的发言。

诉求。现在网络游戏已成为当代青少年最受欢迎的一种娱乐方式。在建设和发展过程中，应该充分考虑青少年发展的需要。各位很清楚，当今网络游戏，鱼龙混杂，且学习空间的分离容易造成精神与心灵的隔阂。

如何净化网络游戏，直接关系到青少年人生观、世界观、价值观的形成以及健康成长。如何净化的问题，实际上是如何从青少年甄别能力较弱的特点出发进行疏堵结合的问题。从堵的角度而言，一是呼吁请求网络游戏软件商加强自我约束与管理，必须弘扬中华民族优秀传统精华，凸显时代亮点，适应当代未成年人的兴趣、爱好及当下生活，努力做到知识性、娱乐性、趣味性相统一。二是呼吁请求相关职能部门和社会各界人士加强监督，从制度入手，规范环境，按人群层次分级管理，加强审查，重典治网，确保网络游戏内容健康，具有教育意义。

从疏的角度而言，我们要充分认识到我们已进入信息时代，学校教育已从单一封闭的课堂迈向跨越时间的信息世界，产生了虚拟教育。人类教育从实体走向虚拟，全球教育一体化和人类教育资源共享的形成将加速跨文化的融合，适合每个人的个性化教育和延续一个人一生的终身教育将得到充分体现。针对现实，我们职能部门一要从制度和技术两个方面的管理入手，促进学校遵循教育方针，遵循教育规律和青少年身心发展特点，着眼全局，面向全体，促进青少年全面和谐发展。二要加强教育研究。面对现实，针对网络游戏，剖析上网的好处、沉迷网络的坏处和把握学生上网的心理特征，家、校、社会，特别是社区有机结合，达成共识，加强协作，建立互动机制，沟通学生和家长上网可以做些什么，即参与网络的设计、开发、监控、调节、完善、发展，增强和更新资源，清理"垃圾"，应当注意些什么，即上网应当有目的、有秩序、有限度，健康上网。三是固守操守，科学诱导。首先要求我们教育工作者要有责任心、爱心、耐心，并具备良好的公民品德、社会道德、个人品德。其次要求我们教育工作者教育方式要科学，从方式的普适性而言，一般可采取"认同——移情——引导——转变"的工作思路，从位置互换、行为契约、心理干预、团体辅导、家庭走访等方法预防、转化网瘾，开展丰富多彩的活动，愉快、充实心灵，"导而不牵，强而不抑，开而弗达。"满足心理需求，逐步增强中小学生玩网络游戏的自我预防和保护意识、能力。

# 每一位教师都应是心理健康教育者①

    去年的年会上，我说过：每一位教育工作者都是一位学校心理健康教育者。说了之后，又诚惶诚恐，是不是信口开河？仔细一琢磨，自以为还立得住脚。自从基础教育新课程开始以来，自上而下均认同教师是学生

---

① 2009年12月6日在省学校心理健康教育第十二次学术年会上的发言。

的合作者、引导者和参与者。教师不仅是知识的传授者，更是学生学习的促进者；教师不仅是传统的教育者，更是新型教学关系中的学习者和研究者；教师不仅是课程实施的组织者、执行者，也是课程的开发者和创造者。基于此，我认为，每一位教师如果具有责任心，具有教育的良知，真心想教好学生，就必定会想方设法"传道、授业、解惑"。这种过程，也必定是遵循学生身心发展规律的。

在座各位主要是在我们各自所在学校从事心理健康教育工作的。我相信：在这一领域，大家都是行家里手。对学生进行心理健康教育，政府有要求，现实有需求，省外有参照。在这里，我想提议的是：仅此还不够，还要通过我们各位引领、辐射、创新，营造氛围，实现由教师个体行为向群体行为的转变。随着新课程的深入，社会对我们教师的要求越来越高。当前"教师发展"这个词出现频率很高，不就说明期望值越来越高吗！各位老师，在以课程改革为标志的基础教育转型时期，我们面临着诸多的新要求和新挑战，迫切需要学校心理健康教育创新。这种创新就是要求我们紧紧围绕新课程理念、校本教研、学校文化与和谐校园建设、教育教学的全面质量、学生活动的全面发展等重大问题，从理论与实践的结合上提出新的策略，努力做到学术性与应用性兼备、继承与创新并举，为学校管理人员和教师研究学生心理，实施有针对性的教育教学提供新的启示。

学生的学习活动是一个多层次的综合活动。新课程就强调"知识技能、过程方法与情感态度价值观"的"三维目标"的融合统一。因此，我们首先要确立"以学生发展为本"的理念，既重视知识、技能方面的要求，又重视过程与方法、情感态度价值观的培养。其次，要根据基础教育自身特点和时代发展的特色及学科特点，确立恰当的知识与技能目标。再次，要改革我们的评价方式，强化学生在学习活动中的体验、情感和反思，此所谓："验诸身，证诸人"。

现在国家倡导"办人民满意的教育"。试想：如果在我们学校真正做到了"一个都不能少，我们对每一个孩子都充满了期待，我们是从成绩最后一名学生关心起的，我们追求教学的有效性，学生的学习有利于终身发展，教育强省目标的实现还会远吗？老实说，在我们这个世界上，从来不缺少单个学生的成功与幸运，缺乏的是有教学艺术的老师，缺失的是教师的责任心、使命感、毅力和智慧。

今天是周末，大家利用年会这个平台，不顾路途奔波，齐聚这里。这体现了教育工作者的情怀、追求，我由衷敬佩。我坚信：大家会进一步开阔视野，努力发展，善于发现新情况、新问题、新趋势，善于捕捉新机遇，采取新措施，建立新机制，领时代之先，教师的风采、职业生命的光芒一定会在你们身上绽放。

课程改革与教学

# 在交流中共同发展①

       今天，很高兴又能与大家坐在一起共同讨论我省普通高中新课程实验工作。本次培训是自2007年秋季我省进入普通高中新课程实验以来组织的第三轮省级骨干教师培训。本次培训将分成两期，即高一年级必修课程

---

① 在2009年普通高中新课程省级培训班上的讲话。

培训和高二年级选修课程培训，共约2100名骨干教师参加。本次培训时间紧、任务重。请大家和我一起以高度认真的态度和饱满的精神来完成本次培训任务。在这里，我想就三年来普通高中新课程实验培训任务，报告一下情况。

## 一、普通高中新课程实验实施情况

基础教育普及目标完成之后，读书的问题已经基本解决，人民群众的受教育权得到基本满足，有书读的问题解决了。现在关键是"读好书"的问题。所以，现在我们提出了全面实施素质教育，促进人的全面发展的战略思想。我们教育的根本目标、根本任务和发展动力就是推动素质教育实施，促进学生的全面发展。而课程是学校教育教学的主渠道，是培养学生的根本途径。为此，需要建立一种与实施素质教育、促进学生全面发展相匹配的课程体系，使整个课程目标、课程内容、课程结构、课程管理等一系列课程要素与之相一致。而新课程实验的目的就是为了改变原有课程体系中"难、繁、偏、旧"的局面和过于注重书本知识的现状，确立符合时代精神和素质教育要求的新课程体系。

三年来，我们为了实施普通高中新课程实验，做了大量行之有效的工作，取得了良好效果。

1. 强化了机构建设。我们调整充实了基础教育课程改革领导小组。领导小组由教育厅厅长任组长，分管基础教育、高校考试招生工作的两位副厅长和考试院院长担任副组长，基教处、财建处等11个机构负责人为成员，领导小组负责制订相关政策文件，研究高中新课程的经费、培训、教材、考试和实施方案等重大问题。专门聘请了近百位省内特级教师和中学高级教师，组建成立了"湖南省普通高中新课程实验教学指导委员会"，下设15个学科指导小组，负责对新课程实验进行指导和监测等工作。各市州、县市区教育行政部门也成立了相应的领导机构。健全的组织机构，精干的专业队伍，为新课程改革工作奠定了坚实的政治保证和技术支撑。

2. 注重了构建制度支撑平台。为了保证新课程实验顺利实施，我们先后制定出台了《关于实施普通高中新课程实验工作的指导意见》、《湖南省普通高中课程方案（实验）》、《湖南省普通高中学生学分认定办法》、《湖南省普通高中学生综合素质评价实施意见（暂行）》、《湖南省普通高中新课程模块学生选修指导意见（暂行）》、《湖南省普通高中学生学籍管理办法》、《湖南省普通高中学业水平考试方案》、《湖南省普通高中学业水平考试考务工作细则》等一系列配套制度，对新课程实验的指导思想、工作目标、课程实施、课程建设、课程管理、课程研究、课程评价等均提出相应规定，为整个课程的实施提供了强有力的支撑。同时，还建立了"湖南省基础教育新课程资源网"，及时把最新课程改革信息、课程资源等通过网络传输给广大教师，为教师教学服务，并以此作为交流平台，及时了解、解决学校和教师在新课程实验中遇到的实际问题。 特别是今年，我们启动了普通高中学业水平考试制度。学业水平考试是在教育部指导下由省级教育行政部门组织实施的国家考试，是依据普通高中新课程标准实行的总结性考试。实施学业水平考试，旨在全面反映高中学生在各学科所达到的学业水平，它将为评价学校、促进学生全面发展建立一个新的评价体系。目前，我们整个考试工作基本结束，全省共有37万余名学生参加考试，考试成绩基本达到预期的目标。在此，我代表省教育厅的基础教育工作者感谢全省广大普通高中教育工作者，包括在座的同志们为新课程实验付出的勤劳和汗水，也感谢大家为本次考试做出的突出贡献。

3. 强化了培训。按照"先培训先上岗、不培训不上岗"的原则，我们从2007年开始共组织开展了两期省级骨干教师培训，共培训教师4100余人，市、县级采取全员培训，目前基本完成了三分之二普通高中教师培训。扎实高效的岗前培训，大大提高了教育管理干部和教师队伍实施新课程实验的能力，为新课程实验注入了新鲜血液。此外，尝试通过网络平台，队伍建设，实施专业引领等的手段，也对岗前培训起到了重要作用。

## 二、认真落实本次培训任务

普通高中新课程实验是基础教育课程改革的重要组成部分，抓好高中课程实验培训，特别是省级骨干培训，是推进高中课程实验的基础性工作和决定性因素，也是这轮课程实验科学、有效实施的关键。

1. 提高思想认识，增强新课程培训的原动力。同志们，教育是民族的基石，教师是教育的基石。新课程实施的关键还是要靠大家来实现，靠在座老师们的辛勤努力来实现。而且你们也需要通过培训来不断给自己充电，不断提高自己的知识水平，这也是我们现在提倡教师终身发展的一种途径。同时，你们还肩负着回去后担当培训者的任务。同志们，不管于公于私都要高度重视本次新课程培训。实践表明，无论是国家还是省，从一开始就高度重视教师培训这一环节。近年来，国家和省两级新课程培训对推动课程改革实验工作起到十分重要的作用。各地、各学校，特别是我们在座的各位骨干教师，你们是学校教育教学的中坚力量，你们执教水平的提高与课程实验的深化是同步的。省教育厅已经制定了全省普通高中新课程培训工作的整体规划，在培训内容、形式、监督、检查以及培训经费的筹措和使用等方面都做了明确规定，为大家培训提供了一系列保障措施。

2. 强调针对性，着力解决课程教学中的实际问题。随着高中新课程实验近两年的推进，新课程的培训内容也在不断发展和深化。本次培训内容既是引导教师在课程改革实践中树立起新的课程观、质量观、学生观、教学观，更是了解现行教学中存在的实际问题，探讨解决问题的方法和对策。所以，我们这次还特意邀请了部分一线的老师，现身说法。一线教师的讲授，不管他讲的是否好、完善，只要要求他客观、真实的把教学中存在的疑惑、困难、想法等讲出来，让我们大家共同来讨论、研究，并制订最好的对策。这次培训就是要做到找问题、找缺点、找不足，这样我们在以后的教学中就能吸取教训、防微杜渐。当然，大家还可以在课外、休息时间积极交流，把自己在新课程实验教学中遇到的困难、疑惑、想法及对策与我们的培训专家交流，向我们普通高中新课程实验教学指导委员会的同志反映，我们将认真听取大家来自实验教学最前沿的、非常宝贵的意见和建议，不断研究，不断学习，不断完善，使我们的培训不断深化和发展。

3. 依托骨干专家，实施有效的业务引领。骨干教师的省级培训以推动校本培训和校本研究为目标。参加我们这次培训的都是市（州）推荐的各学科的骨干教师，大家都是带着任务来的，回去之后还要承担你们所在市（州）的再培训任务。因此，提醒大家以这次培训为基础，通过你们来推动以校为本的教研活动，使教师尽快地适应新课程，及时发现、研究、解决新课程实施中出现的各种问题。

### 三、正确处理四层关系，进一步提高实施普通高中新课程实验的水平

1. 正确处理好宏观与微观的关系。宏观是整体方向、整体框架，作为参与新课程的教师，如果不具备一定宏观背景知识，或者说不能把握新课程改革的整体方向，那么，我们教师就不能从整体上去驾驭整个课改工作。我们只有认真去把握课堂教学的基本理念，把握我们这个学科的整体框架，知道我们这个学科在整体理论整体框架中的位置，才能对新课程实验实施有效的教学。

2. 正确处理好学习与思考的关系。孔夫子说："学而不思则惘，思而不学则怠"。如果我们只思考不学习，拒绝学习别人的先进经验，拒绝学习专家指导，都凭自己想着去做，那就是一孔之见，井蛙之见。现代社会单靠个人力量，靠个人思考的人是不可能有作为的。所以，在课程实验中间，应该强调处理好学与思的关系，要认真学习课程改革相关知识，专心学习，然后结合自己的专业、学校，包括自己的学生和自己的特点进行认真思考。

3. 正确处理好理论与实践的关系。教育是一个极富个性、具有个人特点的行业，可能一百个教师就有一百个教育特点，面对一百个个性特异的学生。所以，我们要通过实践来理解，来把握课程改革的实质。

4. 正确处理好传承与创新的关系。我们的课程改革是在原有的课程基础上的改进，一定要继承和发扬原有好的传统和经验，结合新时代的要求，在新课程实施上探索新的途径，绝不是把过去的都不要了。基础教育的传承性是我们改革的基本观念，必须加以坚持。

# 当前基础教育课程改革中的几个问题[①]

    2001年始，在全国逐步推进基础教育课程改革实验，其成效日益彰显。热乎了几年的"课程改革"一语，对于我这一经历者，虽已变得很普通很平常了，但根据我自己的所见所闻做了一个系统的反思，仍有

---

① 发表于《当代教育论坛》2008.12宏观教育研究。

几个问题如鲠在喉，不吐不快。

## 一、新课程理念的落实问题

我们所称的新课程理念，追求的是实现和促进所有受教育者的全面自由平等发展，这不仅仅是新课程设计者在头脑中的东西，而且是已经通过课程标准或教科书这两种载体表现出来的东西。应该说这些条条、框框、本本是有现实的针对性的。但通过几年的实验、实践，我觉得，新课程理念体现在课标与教科书以及配套措施上就有落差。这说明从宏观层面，就有改革和完善的空间。更为突出的是，新课程理念与现实的行为折射出来的东西尚有明显落差甚或走偏。究其深层原因是现实迫使新课程具体实践者在理想与现实中寻找平衡。他们都是有使命感、责任感的，对新理念不是存心打折扣或肢解，而是出于不得已。因为这一轮新课程实验是自上而下区域推进的，带有强制性。同时，新课程的具体实践者又必须面对社会、面对家庭、面对方方面面。可为什么在调研过程中他们的发言却是新理念一套一套呢？就连一些中小学特级教师在这点上也谨小慎微呢？这种与行为的反差，实际上是他们在旧的轨道上走惯了。有的是能想而不愿说、不愿付诸实践。即使有科学运用新课程理念而创生的新想法、新作法，也不愿表达出来或付诸实施。不得不左顾右盼，前思后想，顾虑重重。通过灌输、学习新课程理念，应该说，我们的一线教师的认识能力和认知水平有所提高。换句话说，不理解、不认同新课程理念的是越来越少。但囿于现实：在具体行动中，学校和教师只能将个体的、局部的、眼前的或今天的凌驾于整体的、全局的、长远的或明天的利益之上。如果一个学校特别是普通高中学校没有稳定的升学率，从一个省域来考量，无关紧要，但对这个学校而言就会产生广泛的影响。他们为了在课程改革过程中巩固、发展学校的地位，课程改革实验在学校也就只能是一个渐进的甚或是反复的过程。因此，新课程实验现在迫切需要解决的不是我们新课程实验者的理念差得远的问题，而是脑袋里的思想和嘴巴上的言论与具体实际行动的问题。我们不可能容忍这种前后不一以贯之状况的长久存在。如放任自流，势必导致基础教育领域内部对课程改革的合理性、正当性产生疑问。那社会上混乱嘈杂的声音必将越来越多。我们不能迷失方向，对课程改革的本真意义要有牢固的认识，要努力缩小落差，解决这一问题。要解决这一问题，就必须有支撑的保障。这种保障至少要有相关政策制度的推动。

1. 新理念的落实问题是同基础教育机制不完善相联系的。目前，基础教育发展不均衡的问题相当突出，反映了我们在基础教育要素领域改革和发展的滞后。优质教育资源稀缺，助长了争夺优质生源和办学行为的不规范，增加了一般中小学发展方式的困难。

2. 新课程理念的落实问题是同教育评价体系滞后相联系的。在经济全球化、社会竞争日益激烈的情况下，老百姓追求高质量教育，竞相"择校"问题凸显。在解决这一问题上，国家近几年对义务教育的重视与投入是前所未有的。但在实践中，普通高中是不是基础教育，发展优质普通高中教育的目的是什么，优质教育是什么，优质教育要干什么，这些问题还没有一个明确的界定或具体的行动措施。但在我们中小学教育中，分数、升学率虽有淡化，但仍是至高无上的追求。这充分说明新课程理论的落实问题主要在于我们还没有建立起一个与现代市场经济体制相适应的、科学的基础教育评价体系。应试教育所倡导的升学率的指挥棒作用尚未根本消除，新的全面的评价体系仍在重构当中。

3. 办学水平差距的拉大，既反映了基础教育发展机制的不完善，也反映了基础教育内部管理体制的缺陷。均衡发展是基础教育的基础秩序，只有规范的经费、师资制度安排，才能有规范的基础教育发展。在社会转型时期，政府对基础教育的均衡发展应该扮演重要角色，但由于教育行政管理体制改革的滞后，政府职能转变尚不到位，完善的基础教育均衡发展机制还未形成。义务教育学校的正常运转和普通高中学校债务问题开始逐步暴露出来。人们担心的中小学健康发展问题，主要在于我们还没有建立起一整套与全面实施素质教育、进行课程改革相适应的保障机制。

因此，那种把新课程理念不落实的问题归咎于中小学校长、教师的观点，是不符合历史唯物主义的，是脱离了基础教育的历史和现实的。

## 二、新课程倡导的适应性问题

自《基础教育课程改革纲要》（以下简称《纲要》）一出台，多元性、多样性、选择性、适应性命题就被错误地解读。在这里，有必要研究和讨论其中一些影响突出的重大问题。

### 1. 适应性问题

《纲要》在表述课程改革的具体目标时明确提出："改变课程管理过于集中的状况，实行国家、地方、学校三级课程管理，增强课程对地方、学校和学生的适应性。"我理解，之所以出现这一提法，主要是针对传统的中小学课程管理体制和"一纲一本"教材的局面而言的。从全国而言，适当扩大地方和学校的自主权，这很有必要。因为全国的地区差异很大。如果课程严重脱离当地的实际，就会影响整个教育和经济的发展。但需要指出的是，相对一个省域、县域而言，在实践中，更大程度应体现教学方式的适应性，我们不宜过分强调课程内容的适应性。因为中小学教育毕竟是基础教育，它所追求的是时代对作为社会公民的学生的要求和学生应具备的共同素质。事实上，从国家颁发的中小学课程方案来说，这种适应性也是有限的。比如从普通高中学分比重来看，一个学生毕业起码要取得144个学分，而校本课程只占6个学分。而义务教育地方课程与学校课程加上综合实践活动九年所占课时比例也仅16%～20%。这说明地方课程与学校课程只是国家课程的补充或延伸，国家课程处于主要地位。从国外的实践来看，管理的过分分散将影响一个国家的整体教育质量，这是国家利益所不允许的。因此，在实践中，我们不能因倡导课程的适应性而过于强化地方课程和校本课程，甚至挤占国家课程。但在实践中，有的地方或学校一味寻求突破定势，借口多样性、适应性，开发甚至开设上百种地方课程或校本课程。又譬如课程内容的选择要体现当代社会进步和科技发展，遵循时代性原则，这从宏观、长远而言，是应该根据时代发展需要及时调整、更新课程内容。但基础教育的课程内容有没有基础性，是否应该有相对稳定性？现在，已有人逐步经过深入思考，认识到这一问题的严重性。

## 2.本土化问题

本土化是一个多义词。有时，人们把本土化等同于地方化；有时把本土化等同于以地方利益为中心、狭隘地维护地方利益、没有国家责任的行为。这里提出的本土化，强调的是我们进行基础教育课程实验要从国情、省情、市情、县情、校情出发，独立自主地处理课程改革中所遇到的重大问题，平稳推进基础教育健康发展。

新课程进入中小学实验以来，所出现的许多具体问题以及各地、各校解决这一些带共性或个性的问题都说明简单地移植或硬性地嫁接某些概念或理论模式会面临着难以解脱的尴尬和无奈：课程研究的"热"与现实关切的"冷"形成对照，论坛上的"唇枪舌剑"与面向现实的"失语"产生反差等等，这种状况必然会促动新课程研究者、实践者敏锐地审视和把握当前不同学段、不同学科、不同学校所发生的问题，或者提出有针对性的应对之策，或者作出明确而切实的价值引领。在当前的背景下，我们课程改革实践者都要思考：课程改革为什么？需要什么？我们能够解决什么？

从新课程实验肇始，课程论基本上还处于热衷介绍西方课程论的概念、话语、派别的层面上，即使有比较性的研究也多是用西方课程论思潮的一些概念和理论框架来"包装"的，没有自己的理论个性。这种明显的"不自然"，导致课程论在我国多少缺乏理论反映现实、影响现实的应有的效果，一方面表现为，目前通过模仿或硬移植的课程论与我国的文化传统、人们的价值心理、现实的国情缺乏关联，从总体上显得理论漂浮于现实生活之上，与现实存在着明显的距离。另一方面，它更多的是作为一种理论现象而受到部分专业研究人士的关注，而并没有实际地走向现实，没有走入人们的内心世界，没有转化为调控力量。这样脱离开教育实践的理论只能是一堆僵死的条条框框。即使对于那些已有的成果而言，它们至多也只能作为一种引路的参照，而不能机械地套用。诚然，理论要具有效果就不能简单地从概念范畴出发来进行理论推演，而是要从基础教育实际出发，来发现问题、解决问题；不是按照理论逻辑的严谨性和完整性来剪裁，而是从基础教育现实出发来增强理论的针对性。譬如普通高中数学模块3的教学，从理论上讲，只要是普通高中数学教师就应该能教，但因其内容涉及计算机知识和英语知识比较深，现实中能胜任这一模块教学的却不多。总之，只有扎根于基础教育现实的课程论才是彻底的，才能抓住课程的根本，才能引导广大新课程实验者广泛而深入地参与到新课程实验中来，才能发挥其应有的作用。

### 三、普通高中学业水平考试问题

今年教育部下发了《关于普通高中新课程省份深化高校招生考试改革的指导意见》。该文明确要求：已进入普通高中新课程的省份"要加快建设在国家指导下由各省份组织实施的普通高中学业水平考试和学生综合素质评价制度，切实做到可信可用，逐步发挥其对普通高中教育教学质量进行管理和监控，对高中学生学业水平和综合素质进行全面、客观评价，以及为高校招生选拔提供参考依据的作用。"从此，可以这样理解：普通高中学业水平考试是受国家委托由省级教育行政部门根据国家要求组织的评价普通高中学生学业水平的国家权威考试，是检测学生高中阶段必修课程的掌握程度。考试结果既是评价学生在必修课领域的基础性学习情况，也是评估普通高中学校教育教学质量、教师教学水平的重要依据。学生的学业水平考试成绩与学生高中阶段的综合素质考察一起构成对学生的综合评价体系，是高校招生录取的重要参考依据。

从普通高中新课程进入省份开展学生学业水平考试的情况来看，各地称谓不一，有的称基础会考，有的称学业水平测试，等等。尽管称谓不一，有值得商榷的地方，但其所发挥的作用是明显的。因此，在这里有必要阐释一下学业水平考试，让人们对此能正确理解。学生学业水平考试，顾名思义，它简明扼要、正确精辟地概括了实施普通高中新课程实验所必须坚持的出发点、主体、目的等基本原则。而这些正是构成新课程实验的核心要素，是事关新课程实验成功与否的前提和关键。

从理论上看，国家提出的学生学业水平考试，与传统课程背景下实施的毕业会考，既有联系又有区别。

它主要是指通过考试促进学生全面发展，促使学校全面提高教育质量。把学生学业水平考试作为新课程实验的核心要素来抓，一是将它作为一种导向机制，促进全面贯彻教育方针，全面推行素质教育。在尊重教育、学生身心发展客观规律的基础上，突出目的性，以及师生和新课程相互依存、相互作用的基本思想。二是体现新课程实验是为了使学生更和谐地全面发展，通过这样一种评价机制，充分调动学校人（教师和学生乃至学校其他成员）的自觉能动性。学校人既是新课程实验的主体，也是新课程实验的推动者，突出了学校人的主体地位和能动作用。同时，更说明作为一个相对独立学段的普通高中教育，既不能成为高考的附庸，也不能与高考不无关联。

从实践上看，把学生学业水平考试作为新课程实验健康、顺利推进的核心要素来抓，是抓住了当前中国普通高中教育的主要矛盾或者说是"牛鼻子"，为保证新课程实验提供了可靠的抓手或"杠杆"。在新课程实验中，学校人是主要力量，在整个实验过程中，学校人始终起着决定作用。为谁实验、靠谁实验、如何实验，都应体现学生利益，实验的成果最终应该落脚于学生的发展。所以，主张进行学生学业水平考试，集中体现了国家基础教育意志，体现了我们进行新课程实验的根本立场。只有严格而科学地开展学生学业水平考试，才能确保新课程实验的正确方向；才能排除实验过程中各种错误倾向和消极因素的干扰，最大限度地减少不和谐因素；才能统筹协调好新课程实验的方方面面。

我们既要看到在传统课程背景下的普通高中学生毕业会考，通过长期实践所凝结的智慧和成果，对开展学生学业水平考试来说，具有历史承续的共同性，确有继承和借鉴的因素，又要看到在新课程背景下内容的变化和差异，绝不能简单地将传统课程背景下普通高中毕业会考的经验在学业水平考试中搬用。因而在理解和开展学生学业水平考试时，一定要注意对其内涵有深入的理解和把握。

基于以上的反思，我认为，无论是义务教育新课程实验，还是普通高中新课程实验，绝不是一个简单的形式过程。况且，这不只是一个学术问题，更是一个对下一代健康成长的现实关怀问题。譬如，普通高中课程内容的选择要遵循选择性的原则，且各学科分类别、分层次设计了多样的课程内容，显然有利于满足学生对课程的不同需求，但毕竟学生的时间和精力有限，不可能让每个学生修习完所有已经开发出的各学科选修课程。又譬如基础教育新课程应增强与社会进步、科技发展、学生经验的联系，这样表述无疑是对的，但在实践中如何把握好一个度呢？我并非认为基础教育新课程实验可以为了"现实"而不顾它。我所要强调的是，需要在实践中反思，通过各方的协同努力，以种种方法来避免认知误区。

# 对接的感受[①]

　　马克思早就说过：人们在选择职业时，上帝早已为他选好了职业。今天，我们在座各位，无论是从事高等教育的，还是从事基础教育的；无论是从事教育教学科研的，还是从事教育行政的，我认为都是上帝或者说是

---

① 2009年10月31日于南岳华天假日大酒店。

南岳菩萨安排我们从事教育工作。教育工作既是一种职业的称谓，更是一种特殊的事业。说它特殊，是因为里面蕴含有责任要求，有保障的需要，有荣誉的安排。也因如此，为了固守教育的良知、信仰、理想，从各自工作定位、履职出发，借助高师教育与基础教育对接论坛——衡阳师范学院2009年师范生顶岗实习研讨会这么个平台，大家走到一起来了。我认为这样的顶岗实习至少意味着三方面：

一、这是办人民满意教育的一个创举。湖南义务教育课程改革自2001年秋季开始，至今已过八个年头了。回顾起来，当时的预期与今天的达成，其间的落差是很大的。"穿新鞋走老路"的现象比较普遍。推行新课程改革，定势的突破，仅仅通过集中研训是远远不够的。结构性失衡以及教师适应性的培养、驾驭力的形成，还需要从师资培养的源头做起，突出的是诸如初中科学、艺术课、研究性学习等课程的教师短缺问题。办人民满意的教育，我想首先国民教育各学段之间要衔接好，要彼此适应、满意。如果连教育内部都不满意，更枉论上级、社会、家庭、学生满意。衡阳师院皮修平副院长告诉我，河南、山西等省做得早。但我认为在湖南，衡阳师院这一举措，仍不失为创新。这里说创新，是因为在湖南省域内这是第一例来解决高师教育与基础教育脱节问题的，是因为实现了学理与实践的融合，从改革与创新两个方面做了有益的探索，并开发出了一系列新时期教师教育改革的教材。

二、这是负责任地落实培养目标的体现。长期以来，我们各学段之间的不少教师，习惯于埋头拉车，只顾完成教学任务，把自己锁在一个狭小的校园里、学段里，很少有一点抬头看路、仰望星空的意识。今天，衡阳师院从需求出发，主动搭建这么一个平台，无论是对衡阳师院，还是我们试点单位耒阳市、常宁市的基础教育的内涵式发展、可持续发展、自主发展、整体发展，都将产生深远而有意义的影响。尝试实施彼此的无缝对接，应该说是狠抓关键点、把握基本点、找准结合点、紧扣着力点的具体体现。这种互动的模式，有助于我们进一步明确各自的培养目标，搞好教育管理，创新课程管理，加强制度建设，夯实文化建设，改革教学方式，落实教学目标。

三、这无论是对高师教学改革提供参考和借鉴，还是对深化基础教育课程改革，都是双赢举措，具有普遍价值、普惠意义。特别是我，作为一个基础教育工作者，我为我们的学生感到庆幸。这种对接有利于促进新老教师的共同发展，这种对接模式下培养的未来的教师，走入工作岗位，自然缩短了磨合期，可以使新教师尽快进入角色，从而有益我们青少年成长。

当然，这种对接，付诸实施，今秋才开始试点。下一步还有很多事情要做。但只要我们抱定对学生成长、发展负责的态度，进一步创新思路，强化措施，深化改革，不断积累、创造特色和优势，构建一个既适应国家长远发展需求，又适应家庭、社会近期要求的人才培养模式，建立比较有力的统筹推进机制，遵循教育方针，遵循教育规律，遵循学生身心发展特点，坚持结合实际，在各试点过程中及时发现问题，解决问题。我相信：这种对接，是会成气候的，是会结硕果的。不断总结、完善、提升，推而广之，彰显价值，长抓不懈，湖南教育强省的目的也一定能够达到。

# 挂职培训的审思<sup>①</sup>

  各行各业，挂职培训，并不鲜见，效果有限。在座各位，相信也多次参加过各种各样的培训。而省教育厅组织的2009年民族地区中小学校长、幼儿园园长挂职培

---

①  2009年11月8日于湖南师大校本部红楼举行民族地区中小学校长、幼儿园园长集中理论培训开班式上的发言。

训，却是值得我们积极评价的：一、这是省教育厅进一步加大对民族地区中小学、幼儿园支持力度的体现；二、这是重点加强民族地区中小学校长、幼儿园园长培训，提高校（园）长整体素质，促进义务教育、学前教育改革和发展的重要举措；三是从这一期挂职培训安排方案来看，创新了培训模式。它依托湖南师大，调动、整合和开发优质培训资源，让挂职人员全面学习和参与学校、幼儿园工作，全程学习和参与学校、幼儿园管理，这将有力地增强我们挂职培训的实效性和针对性。

"一个好校长，就能办出一所好学校"。这表明，我们在办学过程中，校长、园长处于学校、幼儿园管理系统的核心地位、主导地位、决策地位；这也表明做一个校长不容易，做一个好校长更不容易；这也表明，做好校长、园长，既是一门学问，更是一份责任。尽管这些年来，逐步将农村义务教育纳入公共财政保障范围，构建中央和地方分项目、按比例分担的农村义务教育经费保障机制，这一项促进农村教育发展的普惠性政策，实现了"三个基本"：义务教育投入有了基本保障，教师工资得到了基本保证，办学条件得到了基本改善。但这种"一刀切"的政策，对我们民族地区来说，因其财力所限，解决教育发展资金需求与财政支出短缺的矛盾依然突出，主要表现为"三难"：学校发展所需地方财政配套资金落实难；公用经费不足，学校运转难；学校新建改建资金筹措难。学前教育，尽管2005年，省政府召开了湖南建省以来的第一次专题工作会议，已逐步引起了全省各级党政和社会各界的关注和重视，但仍处于"说起来重要，财政经费投入起来次要"的阶段。"巧妇难为无米之炊"呀。随着期盼已久的《国家中长期教育改革与发展纲要》行将出台，教育部部长也已更新换代，新官上任会有三把火嘛。我相信：针对当前基础教育投入机制在理论和实践上的问题和不足，会有明显改观的。

校（园）长负责制是目前我国中小学、幼儿园实行的校（园）内领导体制，大家都知道，它是在经历了多次变更和反复后，才逐渐得以确立的，也是在对中小学、幼儿园多种领导体制进行了认真的分析、总结和反复的对比研究后所做出的一种理性选择，也比较适合中小学、幼儿园管理的需要。但是，这一体制在执行过程中，由于规定不甚完备，使得人们对校长、园长负责制的理解出现差别，加之经济、地理、文化以及每个校长、园长自身修养和素质的不同，导致了一些问题，如校长专断、决策随意以及与党支部、教代会的关系处理偏差等方面，完善和加强校长、园长队伍建设就成为当务之需，特别是在以基础教育课程改革为核心的基础教育改革转型时期，如今的校长、园长只靠过去已有的知识积淀已经远远不够了，新时代、新观念、新课标，赋予了校长、园长新的使命，提出了新的要求。不注意知识的更新和拓展，校长、园长一职恐怕就会成为我这样单纯的行政管理者了。基于中小学、幼儿园管理的实际情况，我们在挂职培训过程中，提请大家共同研究、明确这么几个基本问题：第一，校长、园长不仅是一种职务，更是一种专业；第二，校长、园长专业化发展的重点不在于掌握了多少专业理论知识，而在于提高专业能力和专业品质；第三，高师教育与中小学、幼儿园文化衔接、融合是中小学校长、园长专业化发展的必要条件；第四，校长、园长专业发展的首要条件是对社会、经济、教育、学校（幼儿园）乃至自身存在和发展的深入理解；第五，优秀的校长、园长不仅是有知识、有学问的人，而且是有道德、有信念、有追求的人；不仅是高起点的人，而且是终身学习、不断自我更新的人；第六，校长、园长的发展过程也是校长、园长认识自我价值和长远发展需求的过程，不断履行现实要求的过程；第七，与挂职学校共发展。学校之间有许多共性，但我们每所学校每个幼儿园也有自身的特点。我们都在走自己的路子，现在的状况是挂职的学校、幼儿园好，我们也好。而且从这几年基础教育课程改革的预期和达成来看，都各有优势和特点。我们完全可以完善自己，完全不必为一点不如意就怨天忧人。通过挂职培训，抓住机遇，争取主动，通过思想的交流与碰撞，心灵的沟通与理解，目标的统一与价值的趋同，扩展视野，增强我们对有关知识的掌握，完善我们各自所在学校、幼儿园的欠缺，我们民族地区的中小学、幼儿园是完全可以做到更强的。

# 学校应成为创新意识培养的摇篮①

　　在春暖花开，万象更新之时，第二十八届湖南省青少年科技创新大赛在沅江市一中举行。大赛组委会邀请我参加。对我这样一个基础教育行政工作者来说，倍受教育，倍受启发。

————————————

① 2007年4月21日在第二十八届湖南省青少年科技创新大赛开幕式上的发言。

有人形象地形容说：我们现在的学生，小学入学像个"问号"，高中毕业时却成了一个"句号"。这不能不引起我们的重视。如果长此以往，孩子们就会形成思维的定势，习惯于应试而学，习惯于照葫芦画瓢。其智慧的火花就会逐渐熄灭，创造的勇气和能力就会逐渐丧失……

　　"创新是一个民族进步的灵魂，是一个国家兴旺发达的不竭动力"。只有拥有创新精神的民族才是最具发展力的民族。我们的教育必须努力把"创新"两个字注入到青少年的精神内核，让他们拥有创造的欲望，学会批判地吸收。创新精神的培养，必须从改革教育思想入手，切实转变教育观念，从封闭型教育走向创新型教育，从家长式教育走向民主式教育，从传授式教育走向引导学生学会学习、学会做人、学会生存的教育。

　　创新要有不断开拓进取的勇气，我们要使学生敢于挑战权威，质疑权威，甚至否定权威，而不是一味地把教科书视为"圣经"，对教师奉若神明。英国诺丁汉大学校长杨福家教授曾说："什么是学问，就是怎么学习问问题，而不是学习答问题。如果一个学生能够懂得去问问题，懂得怎样去掌握知识，就等于给了他一把钥匙，就能去打开各式各样的大门。"从某种意义上讲，基础教育的真正目的就是让人学会不断提出问题、思考问题、解决问题。因为一切创新都始于问题的发现，而发现问题又源于强烈的问题意识。叶圣陶先生早就说过："儿童遇到事物，发生求知的动机，于是亲自去观察，去试验，结果，他们对于这事物得到了一宗新知识，他们在生活中就有一个新趋向。这种活动创造的能力，什么时候什么地方都用得着。"

当前全省正在进行的基础教育课程改革，所确定的一个十分重要的培养目标就是使学生"具有终身学习的愿望和能力"，"具有初步的科学与人文素养、环境意识、创新精神与实践能力"。这就要求我们教师要善于创设开放的教学情景，营造积极的思维状态和宽松的氛围，肯定学生的"标新立异"、"异想天开"，努力保护学生的好奇心、求知欲和想象力，进而激发学生的创新热情，形成学生的创新意识，培养学生的创新精神。

从这角度而言，我们教育部门要以"创新大赛"为契入点，积极主动地与科协等有关部门合作，来推动创新教育发展的有效机制，有效提高教师指导学生开展探究性学习和科技创新活动的能力，从而达到提高青少年创新精神和实践能力的目的。

　　愿课改的春风吹绿教育的活水，愿创造的甘露滋润教育的大地，愿创新的阳光照亮教育的天空。我相信，只要我们真正落实省第九次党代会所提出的"教育强省"战略，坚持教育创新，坚持创新教育，我们的基础教育就充满希望，我们的青少年就充满希望。预祝大赛圆满成功。

# 积极稳步开展普通高中新课程实验[①]

    在学期行将结束的周末，为了适应普通高中新课程改革实验需要，积极探索新课程改革实验策略，湖南省中小学教师继续教育研究会、长沙市长郡中学共同主办"高中新课程校长论坛"。作为教育厅一个从事普通高

---

① 2007年6月23日在省部分"高中新课程校长论坛"的发言。

中教育的行政工作者，我既感动又高兴。感动的是大家的责任感、紧迫感、事业心，高兴的是大家的认真、努力、联动。

这次论坛，以百校联盟的成员单位和长郡卫星远程教育合作学校为基础，邀请部分示范性高中和普通高中一并参加，以新课程为中心议题，共同搭建平台，努力打造湖南普通高中教育协作共同体，实现资源共享，促进共同发展。这是全省推进普通高中新课程实验的价值基点；这是全省顺利推进普通高中新课程实验的基础。从全省普通高中起始年级同步进入新课程的部署，我们可以感受到，并且义务教育课程改革的经验也告诉我们，在基础教育领域落实科学发展观、构建和谐校园的过程中，蕴藏于学校、蕴藏于研究团体中的创造力是巨大的，省级示范性普通高中和教育研究团体的服务意识和创造精神需要借助一个良好的环境或平台得到有效的释放。在这个论坛，彼此平等，可为在座各位提供尽可能大的空间，提供大家学习、研讨、参与的渠道。

湖南的基本省情和构建和谐社会的发展需要决定了

当前要着力解决教育资源分配不公的问题，特别是要解决历史形成的基础教育上不公平的资源分配问题。由于经济条件的限制，我们最需要通过教育改变生产生活方式的地区往往成为最缺乏教育资源的地区。今年2月，省教育厅下发的《关于实施普通高中新课程实验工作的指导意见》（湘教发〔2007〕11号），提出新一轮普通高中新课程实验的一项目标就是："构建普通高中新课程建设与管理的有效机制，……逐步建立以校为本、校际联合开发与共享课程资源的机制，形成充满活力、与时俱进的普通高中新课程体系。"为此，明确要求："选择省、市示范性普通高中作为普通高中新课程实验校本学校，发挥其示范、辐射功能，并为全省普通高中新课程改革探索、积累提供成功经验。"省中小学教师继续教育研究会、长郡中学主办的这次论坛利己及人，使大家得益，实现自身的价值满足。这内蕴着道德与素质，同样彰显着深切的忧患意识和服务意识。

课程改革的关键在于实施，理想的方案和计划最终都要落实到实践当中才有意义。课程改革是一项长期而复杂的任务，但为了每一位学生的发展，为了他们有一个灿烂的青春年华，对此，我们责无旁贷。省教育厅先后下发了《关于实施普通高中新课程实验工作的指导意见》、《湖南省普通高中课程方案（实验）》、《关于开展普通高中新课程培训工作的意见》，并拟于年底出台高考改革方案；编写免费发放了《普通高中课程改革知识问答》。正月十二召开了专题工作会议；为加强统筹协调，调整了基础教育课程改革实验领导小组，并拟成立普通高中新课程教学指导委员会；完成了普通高中新教材的选用工作；4—5月又全面完成了高中课改的省级培训工作。各市州相应工作也在相继展开。这些自上而下的工作是必要的。但我认为，新课程改革必须也必然要依附于校园而存在，只有在学校实践才可表现其生命力。因此，普通高中新课程改革实验的成功与否，关键在于我们能否自下而上地顺利推进。事实上，新课程进入我们的校园，并不是事无巨细，实际上也不可能事无巨细全部吸收，而是有一个选择集中的过程，或者说是认同的过程、整合的过程。新课程的理念只有真正被认同、内化，才能转化为行为。

我们各普通高中学校校长是本校新课程实验的第一

责任人。作为新课程实验在学校的组织者和领导者，试问在座各位校长，你是否已经认识到了这次课程改革的意义与价值？你是否已经接受、认同了新的课程改革方案？你是否已经做好了组织和实施这场改革的一切准备？同志们，改革的坚定信念和正确把握来自对改革本质和过程具有自觉的认识，来自对现实问题的深刻理解和批判性思考，来自对进行改革实验积极而理性的追求。我认为，要真正转变观念、吃透课改精神，首先是承担课程改革实验的学校管理层和教育教学研究者。试想，如果学校的校长仍然是心系招生（吸纳优秀学生，广纳财源）、心系考试（过分追求升学率，提高片面的社会评价学校的衡量标准和美誉度），我们能全身心地按照课程改革的要求去实验吗？

秋季，新课程就要实施实验。大家齐聚这里，既可说明大家对这一轮课程改革的意义和重要性有了应有的认识，又可集思广益，指引改革方向、实验途径。从这次论坛的专题布列来看，就是使我们大家认真研读课程方案，在正确理解把握新课程结构、新课程内容选择和遵循的原则、课程实施要求和改革目标的基础上，作好充分的准备。

在这里，借这个平台，我提请各学校，充分利用期末和暑假，就新课程实验作好以下几项工作：

一、在学校内组织对新课程方案、标准的学习、研讨，使整个学校管理层与教职工对《方案》、《课标》有全面正确的认识、理解并逐步内化。二、根据学校的实际情况，按《方案》要求编制学校课程方案，研制对学生的选课指导方案。三、完善校本课程的开发与管理。四、建立新课程的校本培训制度和校本教研制度。五、充分挖掘、开发校内外课程资源。六、积极营造关心、理解、支持、参与普通高中新课程改革实验的氛围，使家长、社会各界理解并支持新课程改革。

最后，我想引用本次论坛邀请函上的两句话："在新课程面前，我们需要全力以赴！在新课程面前，我们需要赢在起点！"

# 理性对待普通高中新课程①

　　这一轮基础教育课程改革是针对传统课程存在的问题和弊端，以及它们对实施素质教育的制约和不良影响而展开、深化的。湖南省自2007年秋季开始普通高中新课程实验以来，基于调查反思，我们在为新课程实验所

---

①　发表于2009年第9期《当代教育论坛》（下半月刊）。

取得的成绩而欣喜的同时，也明显地感受到新课程实验许多不容忽视又不容不予以纾解的困难和问题浮现出来了。为了实现新课程所倡导的我们民族的未来、我们的下一代全面而有个性的发展，抓好全面推进素质教育的这个"牛鼻子"，亟待我们新课程工作者甚至包括广大教育行政管理人员、教研人员、普通高中校长和教师务必积极探索、开拓，寻求解决问题的对策。

## 一、关于课程改革的具体目标

普通高中在国民教育、基础教育中都有其独特的价值和定位。其培养目标已作为一种国家意志，在《国务院关于基础教育改革和发展的决定》中对未来国民素质作了明确而具体的规定，具有法定的性质，强调从"双重"任务变化为每个人的继续教育、终身教育打下基础；教育的目的从传授前人积累的知识变化为培养受教育者掌握获得前人积累的知识的方法；教育的要求从对所有人共同要求变化为使每位受教育者从自身的发展需要出发学有所得。以此观照普通高中新课程的内容，想改变"繁、难、偏、旧"的初衷还有一个漫长而艰辛的过程。又如"精选终身学习必备的基础内容"的具体目标，新课程教材是否选的内容是基础教育阶段绝大多数可以达到的标准，是否是个人与社会生活所必需、人人都需将其内化的人类文化？是否是作为提高国民素质、面向大众的教育内容？以人教版为例，每学期每学生的书籍费达到500多元甚至600多元。新课程的内容普遍过多，部分学科内容过难。为了更好地了解和把握普通高中新课程实验情况，今年3、4月份我们下市下县下校进行了一些调研。调查学生对语文学科的问卷统计显示：30%的学生反映学习负担过重，教学内容难度太大，教科书太多，学习时间紧张，没有时间预习、复习。尤其是数学、物理两门学科的内容，让许多学生望而却步，成为他们放弃理科选学文科的理由。新教材内容的选择和编排，学校老师普遍反映跨度大、跳跃大、难度高、内容多，知识点之间缺乏联系，教师忙于系统的串线。80%的被调查教师对教材不满意。这种不满意突出在初高中衔接不够，比如初高中英语教材仅词汇一项就有140个左右衔接不上。也体现在超标和"附属品"上。

又比如高中英语教学词汇增加到3500个，而教材词汇复现率低，时有超标词汇出现，教师普遍感到难教。又如物理教材中有一些内容需要数学知识作基础，却与相关数学知识学习时段相差很远。又如语文教材发行搭配磁带，价格成倍增加，而又缺少实用价值。上述欠缺说明新课程教材的编写、修订、审定、出版等方面还存在较大的改革完善空间。这些问题的解决需要多方面的人员、多个部门、多种情景的合作和支持。准确把握培养目标，这不仅是对党政领导和有关职能部门的要求，也是对广大教育工作者的要求。每个教育工作者不论分工如何、能力大小，都要在本职岗位上，通过不同形式，围绕培养目标展开教育实践。这是我们每个教育工作者的使命和职责。

但就目前实验实践层面而言，寄希望于课程标准、教材马上有质的变化是不现实的，因为它们的修订、完善有一个过程。面对现状，我们新课程实践者只有在继承传统与追求创新的冲突中，在顺应时代与引领时代的平衡中前行。各学科课程标准对于教学要求还作进一步统筹考虑，教材考虑普通高中学生重点发展的能力，体现出层次性、递进性的基础上，建议省级教育行政部门结合实际，对新课程的实施和开发加强指导和监督。培养人的过程不是工业生产流程。每一个教育工作者都应抱着一种忧患意识、责任意识，发挥主观能动性，积极探究。于湖南而言，是高考自主命题省份，应对有回旋余地。在国家有关课程改革精神指导下，省级教育行政部门充分发挥统筹职能，先后出台了课程方案、学分认定、综合素质评价、新课程模块选修、新课程培训、学业水平考试等一系列文件，同时研制了学业水平考试大纲及考试说明，以使全省普通高中都有所遵循。面对现实，建议任课教师加强校本研修，对照课标，把教材当作教学的材料或一种主要教学资源，在学科逻辑组织与高中学生的心理组织之间寻求契合，既顺应时代的趋势，又顺应学生的身心发展特点。建议教研人员在追问培养目标和课程标准内涵基础上，准确把握好新课程的价值取向，研究重点下移，与一线教师共同研究实践问题，顺应社会多元化的现实，关注广大一线教师的现状，加强研训与指导。建议属地政府在积极推进教育公平和促进教育均衡发展的今天，要配置与新课程相应的学校办学条件，特别要关注薄弱区域、薄弱学校，充分发挥统筹协调作用，组织教育行政人员、课程研究人员、教研人员、教师、学生、家长共同参与新课程的开发与管理。建议校长加强引领，搭建平台，实现与网络、媒体、社区、兄弟学校、相关教育机构、教师的互动和交融，发挥导向和激励作用，通过智慧的碰撞，理念的交锋，激发生命自觉，营造多出人才、快出人才的教师专业发展氛围。

## 二、关于教学过程与教师专业发展

普通高中新课程标准的一个基本特点是确定知识与技能、过程与方法、情感态度与价值观三维一体的课程目标，强调学习的过程与方法。这对改变传统课程过于强调接受学习、死记硬背、机械训练的现状，倡导学生主动参与、乐于探究、勤于动手，培养学生搜集和处理信息的能力、获取新知识的能力、分析和解决问题的能力以及交流与合作的能力，具有重要的理论价值和实践意义。调查显示，这一基本特点在课堂上表现还不十分明显。在问卷中有67%的学生认为课堂上教师主要采用传授式教学方式。究其原因，是不少教师受传统课程观的影响，放不开，总觉得有些地方不讲不行，怕学生不理解。尽管这一基本特点在新课程实验文件中预设和强化了，但教学过程基本上仍是按传统教学预设的流程进行，对课堂临时生成的资源还不善于充分利用。探究式教学还主要见于公开课、观摩课。同时受教材内容和高考升学压力的影响，课程标准所要求的活动项目，往往没有引起足够的重视。"关注学生的经验，增强课程内容与社会生活的联系"的原则难以遵循、落实。对此，过分去指责我们的一线教师，既不理性，也不现实。客观地讲，普通高中教师处境不乐观。首先是社会各界（教育行政部门、家长、学生、同事等）对教师的期望过高。家长希望教师所教的学生既善于应试，又符合新课程理念。学校希望教师既不断钻研业务，又要履行应尽的义务。学生希望教师的课既生动又有收获。这是一个有立有破的问题。问题的解决，关键在我们如何促使我们的课程改革生力军——教师反思传统教学的弊端，放开思想的缰绳，在吐故纳新中发展，将新课程理念内化为教师的自觉的行为。

普通高中新课程实验肇始，各级教育行政部门高度重视教师培训，按照"先培训后上岗、不培训不上岗"的原则，层层抓，基本做到了全员培训，这为普通高中新课程具体操作做好了准备。但培训的针对性、实效性如何呢？现实表明不能说没有遗憾之处。譬如：2008年某市原计划安排必修和选修分两批培训，结果临时改为同一时间同一会场培训。又譬如：培训专家理论水平高而缺少具体实践操作经验。又譬如只注重岗前培训，后续跟进培训少。新课程改革能否顺利实施，关键取决于教师是否适应新课程的要求。新课程强调，教师是学生学习的合作者、引导者和参与者，教学过程是师生交往、共同发展的过程。教师不仅是知识的传授者，更是学生学习的促进者；教师不仅是传统的教育者，更是新型教学关系中的学习者和研究者；教师不仅是课程实施的组织者、执行者，也是课程的开发者和创造者。对此，我们除了反思培训机制的不足，更重要的是如何适应新需求提升教师的专业化水平。随着新课程改革的深化，教师也必然要从"经验"式的教师转化为研究型教师、专家型教师。

如何建立提升普通高中教师的专业水平的长效机制，是我们今后努力的方向。普通高中教师教育不仅是师范院校的任务，也包括在职教师的进一步提升。就目前生源峰谷期过后，指望引进多少新师资已不大可能，更多的是要培养在职在岗教师。他们需要人性化的关怀，需要公正的评价机制和良好的发展环境。要切实关注高中教师的生存状态和后续发展，关心他们的生活状态和发展需求，从提高待遇、加强制度建设入手，尽快完善管理制度、评价制度、考核制度等，使教师管理制度在原有激励导向的功能的基础上，增强发展功能，从而使普通高中教师得到合理的社会报偿并获得专业提升的制度空间和舆论空间。


## 三、关于课程管理

为保障和促进课程对不同地区、学校、学生的要求，普通高中实行国家课程、校本课程两级课程管理。这两级课程管理方式昭示着教育行政管理部门由直接管理向间接管理转变，由全权管理向分权管理转变，由课程控制向课程指导转变。按照新课程要求，普通高中学校应该开齐15个学科。但就调研情况来看，开齐开足的凤毛麟角。通用技术课程，调查的12所学校，有2所未开，另10所学校每周开课一节，比规定的课时少了一半。研究性学习在省级示范性普通高中和40%的一般普通高中在高一每周开了一课时，而大多数学校未能在高二开课。而语文、数学、英语学科超计划开课较普遍，特别是进入高二之后，不少学校就分文科班、理科班，全然不顾新课程所要求的教学班和行政班并存的班级模式。这是否意味着新课程进入了一放就乱的怪圈了呢？在此，我们有必要作一番辨析。试想，如果在课程走向更加开放、灵活，更加具有适应性、参与性、重基础、多样化、有层次、综合性的当今，每一所学校每一位教师都循规蹈矩，只能是一个原因，那就是统得过死。那这种大同局面又是不是归复到了更传统的课程时代了呢！诚然，学校教师除了执行新课程，教育部在致力于考试改革，省、市教育行政管理部门也在逐步建立学生学业水平考试制度，试图改变基于内容、竞争的传统测试。这将有望达到这种改变，有利于新课程目标的实现。然而各普通高中学校和教师在实际中面临来自于学生、家长和社会的压力不断增加，在新课程背景下高考招生制度尚未推出的情况下，从而不得不兼顾新课程、传统课程两种类型来教学，既在某种程度上加重了学生负担，也背离了课程改革的初衷。这样，代替的依然是传统课程所强调的内容和方式，以此确保他们的学生通过基于竞争的高考，确保学生在基于内容的考试中获得高分。因此，这种不规范的表征，既是社会现实造成的，更是新课程实施的经费投入、政策支持、办学条件、制度建设、师资培养培训、舆论宣传等保障机制不健全酿成的。这从不同侧面促使我们教育管理工作者特别是决策者要认真反思普通高中教育的内容、功用、目的和价值的问题。如果这些问题弄清楚了，采取的法规政策制度也就更具针对性、操作性、实效性。不过，人们往往没有意识到，推进新课程的保障机制有二：一是法规政策制度，二是学校、教师的自觉。在当前，二者都关键。对教育行政管理工作者来说，两者都要抓，都要抓落实。

为了适应普通高中新课程实施的要求，各级教育行政部门和学校已经改进和重建了与新课程配套的组织和制度。但由于这种改进和重建涉及众多部门和层面的变革，既有各级教育行政部门，也有学校层面，甚至有其他社会组织或机构的变革。因此它是一项非常复杂而艰巨的任务，急切需要各部门从奠基未来的高度来付出极大的努力，摒弃个人主义、单位主义的狭隘的利益观，树立服务课程改革大局的观念。在进行新课程制度重建的过程中，要面对现实，把关注的焦点集中于教师、班级、课堂，基于研究，要特别注意对人们习以为常的管理行为规范、行为方式的反思和改变。强制性的新课程的制度建设不是重新建立几项工作制度，而是从理念、制度、结构、运行程序、教学行为，乃至评价机制的全方位变革，它本身需要在改革过程中不断完善起来，它与观念更新、行为转变是相辅相成，互相推进的过程。

　　推进普通高中新课程，仅有强制层面的制度变革还不够，更要靠我们每一所普通高中学校和教师的自觉。当且仅当新课程与其配套法规政策制度理念在实践中内化后，新课程的推进才是自主的、可持续的。落实课程目标是实施新课程的关键，其途径要靠普通高中学科教师将课程目标转化成具体的、可操作的课堂教学目标，通过一系列教学目标的达成而最终实现课程目标。教学是课程实施的主要途径。作为课程实施的主力军的教师主导作用如何，关键在于教师对新课程的认同。只有认同，才能将新课程要求内化为自觉行为。提供尽可能多的可能内化的途径是我们基础教育管理工作者应遵循的原则。其中最主要的是尽可能让他们参与到宏观、中观、微观研究和决策中来。如果教师被漠视，怎么能期待他们在实践中执行新课程呢？在研究和拟定制度中，不要把他们的声音按照牵头者的想法或需要进行整合，只有通过理性沟通达成了共识，这才有可能形成一个"课程共同体"，营造一个宽松、和谐、民主、自由的工作环境，才有可能使他们内化新课程要求，增强自我体悟，对许多问题进行反思和批判，才有可能规范自己的所思所想所作所为，形成价值体系、引导行为，建构理想，才有可能使他们成为新课程的积极行动者，才会在课堂、课堂材料、课堂教学和评价这些具体实践环节上认真探究，认真雕琢言行举止、合理调整教学环节的安排、科学解读与处理教材，才有可能将新课程的理想化的改革模式与教育教学实际重新连接起来。在我看来，更重要的是通过培养自觉意识来履行教师职业公德，严格按照培养目标和课程标准来实施新课程，坚定遵循教育教学规律和高中生身心发展特点，而不是动辄习惯怎么样，感情怎么样，甚至长官意志怎么样。如果我们绝大多数普通高中和教师都能达成这样的自觉，或许他们会劝告那些不规范行为的学校和教师，科学实施新课程。

# 从长计议　全面提质①

　　有幸应邀参加在长郡中学新校园举办的长郡卫星远程教育第七次研讨会暨优秀学生夏令营活动。作为一个普通高中教育工作者，我首先要向在座的各位校长、

---

① 2009年8月3日在长郡卫星远程教育第七次研讨会暨优秀学生夏令营活动开幕式上的发言。

各位老师并通过你们向各长郡卫星远程教育合作学校的老师们，为全省普通高中教育改革与发展所付出的辛勤劳动表示衷心的感谢；要向努力学习、全面发展的优秀学生代表能参与这项活动表示祝贺。

今年，恰逢长郡卫星远程学校建校五周年。五年来，我参加了这所学校四次研讨会。也可以说，基本见证了卫星远程学校已经走过了无人问津的草创期，也渡过了备受指责的落魄期，已经发展成为一支不可小觑的新生力量——实现了百校联盟的梦想、长郡中学教学设计和教师受到追捧、课堂教学的录播率屡创新高……卫星远程教育，这个一度连"正名"都困难的"非正规教育"，已经实实在在地走进了国民教育视野，步入了现代教育的殿堂。传统教育和现代技术的双重力量已经让卫星远程教育在教育的广场上扬起了一面新的旗帜，教育的格局正在遭遇现代技术的重整。

信息时代以及全球化已经改变了我们的学习、工作和生活。科学、技术还有社会的转变，使人们能够利用丰富的和迅速传播的信息来满足自己的兴趣并改变他人的生活。信息社会的发展依赖于独立的、有创造性的、有思考力的和不断学习的个体的作用，这些个体应能够包容差异，能够考虑到他人并能够与他人很好共事，并且能够在各种不同的工作、学习和生活环境中有效发挥作用。培养这样的人，要求教育能够鉴别每一个个体的优势和特殊需求，并为每一个个体学习提供充分的智力的和社会的空间，以便使每一个人能够充分发挥自己的潜能。

今天，长郡卫星远程学校搭建这么个平台，聚合学校的师生代表于星城，邀请各行业的优秀专家讲座，感受长郡教育大家庭的特色和风采，参与互动活动和参观人文景点，使学生开阔眼界，从而更好地投入到今后的学习和生活中去。这就是与时俱进，锐意进取，开拓创新，遵循规律，团结一致，共创佳绩的体现。体现了作为省会城市省级示范性普通高中坚持教育理想与教育现实的有机统一、和谐发展的可贵精神。作为示范性学校就应该在教育思想、课程建设、教师培养、有效教学诸方面，对一般学校起重要引领作用。我的观点是普通高中教育要遵循教育规律，尊重学生差异，尊重每个生命个体，然后在此基础上适当地摸高拔尖。现实教育中确实存在着种种弊端，但大家从前一段省教育厅颁发的规范中小学办学行为的规定中，从上星期公布的全省普通高中学业水平考试的结果中、从刚刚下发的对部分省级示范性普通高中的表彰和处罚以及对部分一般性普通高中的表彰文件中和行将召开的全省规范中小学办学行为工作会上，可以读出省教育厅对基础教育特别是普通高中教育的理想的固守。这种固守让我们对湖南基础教育全面实施素质教育的发展前景充满期盼！在日新月异的现代社会，新的时空背景向学校文化建设提出了新的改革要求，学校文化势必要在分析这些背景变化的基础上作顺势的改进，更好地为学校整体发展和学生可持续发展服务。希望长郡卫星远程教育各合作学校，顺应新的时代要求、教育背景和学校背景，积构构建特色校园。

从研讨会安排来看，有一个"新课程新高考"的论题。这里，我作为一个自始至终的参与者，想向大家透露点信息：一是普通高中教育是一个独立学段的教育，具有独特的价值和地位，它不是高考的预备教育，也不是高考的附庸，因此，高考作为一种选拔性考试，从内容来说，一定会适应普通高中新课程。二是新课程是国家把它作为实施素质教育的突破口来抓的，自有且大家也认识并认同了其突破传统之处。前不久，长郡中学卢鸿铭校长在《湖南教育》撰文指出这是一种新的课程文化。与这种新课程相适应的高考，必会从报名形式、资质、报名、组考、考试内容、个性成绩等方面来体现新课程理念。三是普通高中新课程实验是一场改革。既要改又要革。课程实施是一个实践问题，是一个长期的探究过程。但实施的困难比较大，其中充满了各种各样的利害关系和落差，处理起来比较困难。我们学校我们老师必有其不适之处。但新课程是作为一种国家意志在推行，我们要克服困难，解决问题。我们可以从学科入手，进行大规模的调研工作，举办专家讲座等，对有关问题进行深入讨论。从今年三、四月份调研情况来看，普通高中新课程推进过程中的困难与问题突出表现在：城乡差异明显；校际差异明显；课程资源匮乏，经费投入不足；校本教研不够深入，教师缺少专业支持；部分课堂教学有效性不够，即效应、效率、效果上缺乏有效性。我们要坚定课程改革的方向与信心，认真总结两年来课程改革的实施经验，关注课程改革中出现的不平衡，研究实施过程中突出存在的差异性、不平衡问题。长郡卫星远程学校，将课程改革成功的经验和优秀教师的示范教学通过媒体送到我们的合作学校，这对整体推进普通高中新课程改革，不失为一个很好的和谐策略。

同志们，普通高中新课程改革的过程是一个互动调适的过程，各普通高中学校要努力使自己适应新课程的要求，提高自己新课程的实验能力和实施能力。对我们教育行政工作者来说，也应通过实施过程的研究与反思，及时了解出现的问题，对新课程制度与保障措施进行必要的调整，建立一种反馈、沟通与交流的渠道，保持经常性的交流，使新课程更加科学、顺利实施。今天就是一个难得的机会，提请大家抓紧时间，畅所欲言。

# 普通高中教育与改革

# 推动普通高中多样化发展的思考<sup>①</sup>

  每到每年的六七月份，作为省厅的一位普通高中教育工作者，总是接到一些反映普通高中学校违规办学的举报。按说，每年省里都发了就规范办学行为的文，且规格也越来越高，甚至国务院发文总理讲话，对违规的

---

① 摘要发表于《湖南教育》2011年2月（上）。

查处也越来越严厉，通报批评、撤牌甚至撤换校长。制度建设也只能如此了。原以为普通高中进入课程改革后会自然消解，可为什么总是反复出现这种无奈状况？有理解更有困惑，有焦虑更有消解的冲动。《国家中长期教育改革和发展规划纲要（2010—2020年）》（以下简称《教育规划纲要》）让我释然。《教育规划纲要》非常明确地指出："推动普通高中多样化发展。促进办学体制多样化，扩大优质资源。推进培养模式多样化，满足不同潜质学生的发展需要。探索发现和培养创新人才的途径。鼓励普通高中办出特色。"改革的方向、目标、思路、要求说得如此鲜明，这不能不让我对改革普通高中教育有更美好的憧憬和更乐观的信心。但它毕竟是面向全国而言，是规划纲要，仍需尽力使上述政策具体化，尽快使具体政策落到实处，尽早发挥应有的效益。责任感、使命感驱使我作了如下一些思考。

## 一、办学体制多样化关键在进一步扩大办学自主权

自1985年中央《关于教育体制改革的决定》，1993

年《中国教育改革和发展纲要》，2001年《关于基础教育改革与发展的决定》等以来，国家从体制的不合理及突出的弊端入手，提出了全面改革的方案，为基础教育办学体制注入了活力。而随着普通高中教育逐步普及，人们的愿望和期待提高了，公众对教育的要求也随之多样化，再加上仍有一些体制制约问题凸显出来并日趋严重。解决这一矛盾，是《教育规划纲要》的要求，是现实的需要。如何解决这一问题，我认为关键在进一步扩大学校办学自主权。

普通高中实施新课程，其出发点是促使普通高中教育从应试教育向素质教育的转变。普通高中教育独特的地位和价值，势必要求政府的一些权力下放，《教育规划纲要》确定的"推进政校分开、管办分离"的改革方向，也是符合国际教育改革的趋势。自20世纪90年代美国政府就主张政府放松对教育的管理，强调政府"掌舵"而非"划桨"的职责，破除教育中的行政化，让教育回到教育本身，采用授权与分权的方式进行管理，扩大学校自主权。温家宝总理在2010年召开的全国教育工作大会上明确指出："深化教育体制改革，要正确处理政府、学校、社会的关系，落实和扩大学校办学自主权，建立依法办学、自主管理、民主监督、社会参与的现代学校制度。要深化办学体制改革，坚持教育公益性原则，健全政府主导、社会参与，办学主体多元、办学形式多样、充满生机活力的办学体制"。时下，之所以主张简政放权，是因为政府对普通高中学校的管制太多、太细、太死，科层化的管理阻碍了校长、教师的战略眼光和前瞻性思维，不能大胆开展专业化的教育教学活动。比如普通高中采取全国用统一的课程标准、统一的教材、统一的教学时间、统一的高考"标准件式教育"，本质上已说明行政权力僭越于教育权力之上，专业的民主的力量发挥不了应有的作用。

怎么改？《教育规划纲要》提了三条：一是"坚持教育公益性原则，健全政府主导、社会参与、办学主体多元、办学形式多样、充满生机活力的办学体制"。二是深化公办学校办学体制改革。三是改进非义务教育公共服务提供方式。这是我们未来十年办学体制改革的发展思路和重大措施。但这毕竟是普适的对全国整个教育而言的，具体到普通高中教育的办学体制改革，则需要我们地方各级、各校更多的具有针对性的集思广益，多加理性思考，因地制宜，多从实践探索，找出一条成功之路。

解决矛盾得从问题入手。据我调查，在办学体制上突出的障碍是垂直的行政职权的弊端。现在普通高中的设立、变更、停办，由主管部门报请同级政府，并报同级教育行政部门，各校除日常行政由各主管业务部门领导外，其他有关方针、政策、学制、教育计划等事项接受省市两级教育行政甚至国务院的领导。学校内部的一切管理活动则以校长为核心，且校长运用的也基本上是行政官僚性权力。这样一种体制是一种在资源有限不得已而为之的模式，对推动基础教育办学水平发挥了巨大作用。时下，人们已越来越意识到，高中教育的价值并不只是通过升学率来体现，通过教育满足学生在自身发展上的需求，服务于学生的长远发展，才是普通高中教育最重要的价值所在。教育是一项人为的事业，也是为了人的事业，其直接结果是促进学生综合素质全面提高。从当前普通高中现状来看，为满足人民群众日益增长的多层次、多样化的教育需求，适应经济发展形式多样化的现状，改革普通高中的办学体制首先要从教育本源的角度来考量。

一是在政府层面，要用面向未来、面向全体学生的促进学生全面发展的战略全面取代片面追求升学率的战略，要用广义的普及教育体制取代狭义的精英教育体制。但这种价值观的改变，已不是单纯的教育内部的问题，而是一个社会问题，突破固化的框框，为社会认同、支持，不能指望教育界依靠自身力量进行，需要政府来决策，并通过政府的强力行为，营造良好育人外部环境，促使整个社会对普通高中教育的价值观褪出急功近利色彩，从而恢复教育人、发展人的功能。同时，要把学校的发展切实纳入政府的公益事业，办学经费由政府来确保，还要科学、合理布局普通高中学校（从2010年学业水平考试情况来看，每个年级不到一百人的就有73所），并为学校消赤减债（全省普通高中建设负债达98亿元）。

二是厘清政府、学校的职责。职责不清，难免出现"两张皮"现象。这种职责的厘清必须进行总体的、系统的安排。实施政校分开、管办分离，建设依法办学、自主管理、民主监督、社会参与的办学体制，形成政事公开、权责明确、统筹协调、规范有序的管理体制，减少和规范对学校的行政审批和直接干预，比如学校的办学模式、育人方式、资源配置、人事管理、合作办学等方面的一些权力下放给学校，使其摆脱以往那种扭曲制度的压力，更多地运用政策手段引导和支持学校发展，淡化行政隶属关系，促进公办学校多种形式办学，引导社会资金以多种方式进入高中教育领域，鼓励公平竞争，"扩大优质教育资源，增强办学活力，提高办学效益"。应该说，只要其办学形态与国家大政方针、法律法规不相抵触，能确保价值规范和育人标准，都可以试。

三是改革完善普通高中学校校长负责制。《教育规划纲要》提出要"完善校长任职条件和任用办法。实行校务会议等管理制度；建立健全教职工代表大会制度"等。这些举措由部门意志上升到国家层面，成为党和政府意志后，已有一些地方在逐步取消普通高中学校的行政级别和行政化管理模式改革实验。这是一种趋势。但我们要清醒地认识到：学校是一个组织，校长自有其实质性影响力，只要不要以"当官"的面孔出现。"行政化"要不得就在于多了一个"化"字。所谓"化之化者也，彻头彻尾之谓也"。在改革过程中，我们必须更多地强化校长的专业性权力，即强化以德治教、专家治校的理念，这样才能依法维护学校、学生、教师、校长和举办者的权益，依法保障学校充分行使办学自主权和承担相应责任。这种办学自主权，实际上《教育法》已基本明确：主要包括学校自主管理、自主组织教学、招收学生、学籍管理、颁发证书、聘任并管理教师、管理经费和学校设施等方面。当前是在全面落实的基础上，进一步扩大学校在办学模式、育人方式、资源配置、人事管理、合作办学、社区服务等方面的权限，以利于探索适应不同类型教育和人才成长的办学体制与办学模式，避免千校一面（但我不主张千校千面）。否则，可能最终都只会无功而返。

## 二、办学模式的多样化关键在教育目标的定位

当前普通高中教育的发展呈现出两大趋势：由规模发展向内涵发展转变，由一元发展向多元发展转变。《教育规划纲要》核心是解决好"培养什么人、怎样培养人"的重大问题。提出办学模式多样化的目的，就是要为每一个学生提供合适的教育。这就要求我们普通高中学校要从自身实际和所在市县、所在省份、甚至从全国乃至世界的相互联系中，把握改革和发展的方向，从经济社会发展和高中教育发展条件的相互转化中，抓住改革和发展的机遇，从教育内部资源的优势互补和衔接中，创造改革和发展的条件，从社会各方面因素的综合作用中，把握好普通高中教育的特征，始终关注师生生命的价值和意义。

如果说以前我们追求升学率是社会大结构制度造成的，那么在高中教育走向普及化的今天，我们不少的普通高中仍在追求规模发展，追求外延式发展，追求片面的升学率，这是不理性的，也是我们不少学校对自身定位的迷失。美国未来学院院长杨·莫里森提出：当我们走过发展初期、成长初期，达到一个成就高峰的时候，我们必须找到一个新的发展点，调整发展战略，向另一高峰迈进。在我省普通高中学校学位足够、深入推进课程改革这样一个现实背景下，对政府和教育行政管理层面而言，就有一个如何通盘考虑、统筹协调、科学布局、分类指导的现实课题，即如何结合实际规划出学校发展的大势；对学校管理层特别是校长而言，也必须结合学校实际规划出关于教师与学生良性发展的策略、路径、模式。普通高中教育，追求的是全体学生的进步，实现个人多元化发展。因此，就每一所普通高中学校的定位准确与否，关键要把握好实际。这个实际就是把握好社会发展趋势，深入认识自己，洞悉自己的优缺点，规划学校的蓝图，为我们每所学校定位；明确学校需要考虑的事情的价值排序，避免受一些盲目的影响；看清自己所拥有的资源，善于抓住机遇。惟如此，学校方能向前走。

纵观教育的演变发展，学校定位准了，则从社会和学校的现实出发：在谋求发展、改进的过程中，一些办学条件好、历史悠久的高中逐渐成为一定空间区域的精品，通过发挥各校的辐射效应，使越来越多的优秀学生不断地积聚起来。这种自然演进的高中空间布局形式发展至今，就形成了精品高中。此外则有两种：一是政府扶持型，即政府通过政策引导、资金投入、生源控制等手段，有效地驱动各种教育资源向一些学校聚集，促进功能升级，形成重点。二是夹杂着自主发展和政府扶植的混合型。用这样的历史视角来看待这种学校良性的发展现实，应该对我们建立健全政府主导、教育行政指导、学校参与的办学体制机制，创新办学模式多样化建设机制，都具有重要的战略启示意义。

就所有普通高中学校而言，为每个学生提供基础的、公共的教育，是其基本属性。但如何适应新的要求，推动普通高中办学模式的多样化，其核心就是每所学校定好位并建立动态进出机制，打破普通高中与职业高中的壁垒，为学生在学校类型上提供多样化的选择，而不是靠中考分流。从目前来看，有一般高中、综合高中、特色高中三类，与社会经济发展趋势的要求比，与发达的国家和地区的现状比，既显类型不齐，也发展得严重不够。在类型上，美国还有特许学校，法国还有技术高中，新加坡还有自主学校等。在数量上，全省综合高中学校数占普通高中校数还不到1/60，挂"特色高中"牌匾的也仅1所。从2010年全国有62位非高学历的工人、农民报考国家公务员，以及北大、清华、同济三大学分别牵头的三方阵进行自主选拔方式的进一步改革这一破冰迹象，让我们看到了打破唯高分数、高学历论英雄的曙光，也为我们进一步推动高中教育的办学模式多样化提供了信心、勇气和助推力。具体到每所学校的类型，就要围绕国家确定的总的培养目标，切合自身实际，勇于探索，勇于创新，再进一步具体化、细化，求真、求精，并切实规划好、实践好。

## 三、培养模式多样化关键在分层教学

《教育规划纲要》把全面提高教育质量作为今后10年我国教育发展的核心任务，这既是建设人力资源强国和创新型国家建设的重大战略决策，也是实现普通高中教育内涵式发展的必然要求。和谐社会应是一个符合人性的社会，是一个能容纳价值观各异的社会，起码是你活我也活，活得好不好，开心不开心，各自有各自的理解。市场经济社会，是分工不同的社会，每个人的禀赋、能力不同，人才也有不同层次、不同类型。普通高中教育要遵循教育规律和学生身心发展规律，面向全体学生，同时也要为每个学生提供最适合的教育。这就要求我们每一个教育工作者以更加开阔的视野，正确认识时代特点，冲破一些传统教育观念、方法、体制和机制的束缚，对接社会需求，增强转变发展观念、创新发展方式的自觉性和主动性，树立全面发展的观念，人人成人、成才的观念，多样化人才的观念，终身教育的观念，系统培养的观念。认真反思选课制、导师制、人生规划、社会实践、社区服务、综合素质评价等的执行情况，扬长避短。要相信每个学生，尊重每个学生的独立人格、不同需求、能力差异，尽可能地减轻学生过重课业负担，尽可能地消除和减少负面影响，进而唤醒学生主体意识，落实学生主体地位，发挥每个学生的潜质。要深入校本教研，倡导启发式、探究式、讨论式、参与式教学，帮助学生学会学习，激发学生的好奇心、内驱力，培养学生的兴趣爱好，营造独立思考、自由探索、勇于创新的良好环境。正如新东方教育科技集团董事长俞敏洪所言："一个人走有的时候可以走得很快，但是不一定走得很远；一群人往前走会走得很远，因为不会孤单，因为相互鼓励。"兴趣是最好的老师。课程的设置应该重视学生个体的探索与体验，不要停留于为课标而教，适当引入政治、经济、社会等热点问题，结合学生身心特点，列举生态、资源、人口等危机观念，帮助学生带着各自的兴趣探索客观世界，享受成功的欢乐。要深入推进课程改革，加强课程的选择性和多样性，审时度势，对课程内容进行优化、重组、扩展、补充。同时，建立健全课程质量监管制度。

培养模式多样化要坚持教育教学与社会实践结合，认真挖掘、开发、开设、开好综合实践活动课程，通过社会调查、公益劳动、创新实践等搭建平台，进一步扩大学生自主管理和自我教育，引导学生主动参与、乐于探究、勤于动手，增强学生动手、实验操作成效。要充分利用社会教育资源，并与课内资源结合，进行选择、对比、整合，开展各种课外及校外活动，锻炼学生意志和吃苦精神，使学生领略实践的艰辛与价值，让学生明白：生命不是在真空中，而是在一个个具体的环境中生长的。这对学生不断感知、领悟，让自己成长，规划人生以及将来融入社会都有其生命的意义和价值。

　　培养模式的多样化更要求我们班级教学要通过民主、开放、多元的制度设计，注重因材施教，即在备课时分层次备学生，设计不同层次的习题，进行不同层次的教学，给以不同层次的辅导，组织不同层次的检测。特别是我们教师要改善教学策略和方法，关注学生不同特点和个性差异，提高教育教学的有效性，发展每一个学生的潜能，人人都能健康发展。能把学生潜质最大化地发挥出来就是最成功的教师。《学记》云："教也者，长善而求其失者也。"在保证共同基础课程学习的基础上，学生可以自主规划、自我调整、自我强化，真正实现走班制。当然这种自主选择需有自愿、导师制等相应的机制保障。要真心诚意地关注弱势群体和特殊学生，培优补偏，建立学习困难学生的帮助机制，改进优异学生培养方式。建立教育质量评价体系与考核方法，包括课程教学效果评价、综合素质评价，培养过程控制标准、毕业生质量评价等。

# 普通高中以特色求发展的感悟①

高中阶段教育是学生个性形成、自主发展的关键时期，对提高国民素质和培养创新人才具有特殊意义。普通高中新课程改革的目的是促进学生全面而有个性的发展。中共中央、国务院印发的《国家中长期教育改革和

---

① 发2010年11月《湖南教育》上旬刊。

发展规划纲要（2010—2020年）》指出："推动普通高中多样化发展，促进办学体制多样化，扩大优质资源。推进培养模式多样化，满足不同潜质学生的发展需要"，"鼓励普通高中办出特色"。我认为要深入学习、深刻领会，切实贯彻到实际工作中去，推动普通高中教育迈上新台阶。

## 一、特色学校

宽泛意义上的特色教育，仅就基础教育而言，每个学段每个年级每所学校每个班级的教育都有特色，正如哲学上所述，是事物的普遍性和特殊性的统一。普通高中教育，它的基础属性决定了从全国、全省到各地区各学校而言，是一种统一性与特殊性的结合。但这种特色并不能说明什么。

今天，我们讲"鼓励普通高中办出特色"之特色正如中国对外开放，融入世界，接受普适规则，接轨国际惯例的特色。这种特色是时代的呼唤（时代对人才规格和人才类型提出了新的要求，培养方式必然要与之相适应），是学校自身生存和发展，彰显影响力，提高竞争力的需要，是遵循教育适应经济社会发展规律、教育规律、人才成长规律的体现，深化改革，破解发展难题，凸显普通高中教育亟须走内涵式发展道路。省教育厅印发《湖南省普通高中特色教育实验学校建设基本要求（试行）》（湘教发〔2009〕3号），其目的就是从制度的设计与安排上着力于进一步推进我省普通高中教育的改革与发展，逐步以特色代替等级，引导我省普通高中特色教育实验学校建设，促进普通高中办学模式多元化，力图缓解经济社会发展对高质量多样化人才需要与教育培养能力不足的矛盾，增强教育活力与体制机制约束的矛盾。从这一文件，我们可以悟出：特色学校是与制度化、标准化的学校相比较而言的，突出标志是在确保普通高中教育基本属性的前提下，强调学校的整体性发展，不等于学校有特色，拥有少数特长学生，而是着眼于学校全体、全局。如果受益人群只是一小部分，起码其他学生及其家庭是不会同意的。只有各地各校教育特色的出现，全省普通高中教育才能充满活力。秉持这样的理念，我们强调特色学校应该具备：办学的独特性、办学的优质性、办学的发展性。

严格来说，学校的特色可分为：内容特色模式，即学科建设特色，方法优化模式即办学思想、教研教改特色，系统优化模式即组织管理特色。特色就是事物所表现的独特的风格，即"人无我有、人有我新、人新我优、人优我特"。

## 二、 创建需处理好的关系

### 1. 同一性与多样化

讲同一性与多样性是从制度层面而言的。当前高中教育普及目标，在我省不会有很大问题，关键是实现普通高中教育的内涵发展。内涵发展最核心的问题是如何把握普通高中教育的定位，即我们的普通高中教育的任务是什么。从过去到现在，我们一直沿用"双任务"说。这种讲法没错，但我以为还不鲜明，特别是在以人为本、立德树人的当今，其导向性还不强，其任务应该是培养合格的、具有一定素质的公民。在当下，升学和就业已不是普通高中教育的直接目标，而是把学生培养好。这是其同一性。

多样化是就一个行政区域而言的，学校是多样化的，从办学性质上，既有公办的，也有行业的，也有民办的，也有合作的；从办学水平上，既有示范性的，也有一般的，也有薄弱的；从办学模式上，既有一般的，也有综合的，也有特色的。无论怎样多样化，其培养合格公民这一点是同一的。

## 2. 多样化与特色

这是从一个区域到一个学校而言的。特色是就一个学校而言的。只有每个普通高中学校有特色，才有一个行政区域普通高中教育的多样化。只有出台普通高中多样化的政策，每个普通高中学校才有空间去办出特色。创建特色学校关起门来发展是肯定不行的。一是因教育的一些共性，办学方向与资源的普适性可以拿来，即要有技术含量地学。二是确定了目标就要努力沉下心来干。在这干的过程中应有一个清醒的认识：特色学校是因有特色而存在，有特殊政策而有创建积极性，从全省而言，一个成熟的普通高中教育发展环境必须是一个统

一、开放、竞争有序的环境，不会因此而破坏公平。随着事业的发展，特殊的政策，不仅社会公众，就是决策层也会慢慢对此不再满足，希望有所突破。

## 3. 适应与超前

这是从思想认识层面而言的。普通高中教育是为未来培养人才的事业，但宏观教育行政方面的改革和发展又总是滞后的。这是一个令人难以容忍的二律悖反。也是我20多年来从事基础教育工作和研究所切身感受到的最大困惑。当今的普通高中教育既要适应国家长远需求，又要适应当前经济、文化、社会发展，又要适应学生身心发展，又要适应家庭、社会近期需求，还要参与解决当前与未来困扰我们的一系列全局性问题，培养出能适应和解决这些问题的一代新人。这种责任和使命驱使我们普通高中教育工作者必须仰望星空，把握时代脉搏，具有超前意识，不迎合，而要辩证地寻找最佳契合点，上下左右运作，调动和发挥方方面面的积极性，营造优良环境，加强制度建设，强化学校教书育人地位，健全校本教研制度，办出特色、办出水平，出名师，育人才。

## 4. 规范与自主

这是从办学而言的。去年以来，省教育厅连续出台了多个规范办学行为的文件，特别是今年，确定为规范办学行为年，为使这些决策落实，也加大了奖励与处罚力度，强化普通高中属性，以保证办学行为是全面实施素质教育，面向全体学生，促使每一个学生在德、智、体、美等方面都得到有效发展，不偏离教育规律，不偏离教育法律、制度和政策。

当前，我们已把办学模式、育人方式、资源配置乃至人事管理方面的一些权力下放到了学校，普通高中新课程实行国家、校本两级课程管理，说明国家在尝试进一步把办学自主权下放给学校，但毕竟普通高中教育是基础教育阶段的最高学段教育，必须为每个孩子提供基础的、公共的教育，自主并不意味着自由。

## 5. 继承与创新

这是从工作路径而言的。改革创新是推进普通高中教育发展的强大动力，特别是普通高中学位较多，高等教育走向大众化的情况下，改革创新是加快学校自身发展，增强自身活力的迫切需要，是适应各级各类教育改革的迫切需要。我们一定要从全局和战略高度，不断增强改革创新的自觉性和坚定性，构建政府、学校、家庭、社会之间新型关系，完善绩效管理机制，强化信息技术应用，推进观念创新、体制机制创新、教育教学方式创新。我们创建特色学校，应该说是以此为契机，来解决我们学校发展中的问题。可是如何解决这些问题，如何实现这一目的的方法却没有现成的经验可以借鉴，成功不可复制，必须靠自己去创新，去探索，去真正走出一条新路。

坚持改革创新，要善于把继承与创新有机统一起来。推进特色学校创建，基础在继承，关键在创新。不善于继承，创新就没有根基；不善于创新，继承就缺乏活力。要继承和发扬优秀的教育传统，如"有教无类"、"学思结合"、"知行统一"、"因材施教"。要深入挖掘我们学校的教育教学资源（传统、价值取向、风俗、环境等）并予以拓展，使其增强生机、焕发活力，实现可持续发展。

## 6. 发挥校园人积极性与学生成长

这是从措施而言的。推动特色学校创建，关键在发挥校园人（学校的师生员工）的积极性。长期以来，校园人特别是广大教职工在推进普通高中教育改革与发展过程中发挥了重要作用，作出了重要贡献。在创建特色学校中，我们要充分发挥他们的积极性、主动性、创造性。学校管理层要研究制定合理的保障机制，建设特色校园文化，搭建平台，强化人文素养、人文关怀，为他们展示才华创造条件。要鼓励教职工适应形势发展要求，进一步创新培养模式。广大教职工要无愧于"人类灵魂工程师"的光荣称号，自觉地担负起教书育人的历史职责。把教书育人当做事业来干，作为天职来尽，从中寻找快乐，实现自我价值。一个基本衡量项目就是能把学生的错误回答当做一种教学资源来开化，这是新课程背景下对教师的要求。教育大计，教师为本。在新课程实验过程中，我们倡导既要发挥教职工的积极性，又要充分调动学生的积极性。事实上，教学活动是人类特色的"双主体"的实践活动。教学过程中教师的主体性与学生的主体性的发挥都是为了一个共同的目的——学生的发展。我们教师要以尊重、理解、宽容、赞赏的态度来处理师生关系，帮助、引导学生成为具有主体精神和独立个性的真正的人。

## 7. 基础性与个性

这是从学生发展而言的。普通高中新课程内容强调学生掌握必要的经典知识和灵活运用的能力；注重培养学生浓厚的学习兴趣、旺盛的求知欲、积极的探索精神等，既要进一步提升所有学生的共同基础，同时更应为每一位学生的发展奠定不同的基础。面对个性趋于成熟、潜质不同、兴趣各异的高中学生，其学习内容与水平应该是有区别的，因而学校开设的课程必须是基础的、多样的和可供选择的，如可以探索试行分层教学、走班制、建立学生发展指导制度等，给已进入到一定类型的学生提供第二次选择权，为不同学生发展奠定不同基础。而做到这一点，关键是要我们教育工作者牢固树立人人成才的观念。西谚云：人人是天才，之所以有庸才，是天才用错了地方。

这里引用一个例子：新华网报道，2009年教育进展国际评估组织对全球21个国家进行的调查显示，中国孩子的计算能力排名世界第一，想象力却排名倒数第一，创造力排名倒数第五。在中国的中小学生中，认为自己有好奇心和想象力的仅占4.7%，而希望培养想象力和创造力的只占14.9%。正如今年9月9日华中科技大学李培根校长在本科新生开学典礼上所评价的："你们习惯了培优的课堂，习惯了解题的技巧，习惯了考取名校的目标。可是，你们质疑过吗？"是啊，我们的学生习惯了答问题而不是问问题。也许这是钱学森所言"我们为什么培养不出杰出人才"的一个缘由吧。基础教育的真正目的就是让人学会不断提出问题、思考问题、解决问题。因为一切创新都始于问问题，而发现问题又源于强烈的问题意识。我们的社会舆论在讲到成功时，往往忽略背后的艰辛，崇拜绝对的标准而不是考察其持续可发展性。导致我们的教育，不是培养学生，而是培养考生。出于良心，前些年，省里几位老同志上书中央，疾呼：学生真苦，教师真累，民族的未来真的很危险，建议全面实施素质教育。新课程就是要求我们因地因校制宜，对每一个学生发展负责，从对所有人共同要求变化为使每位受教育者从自身发展需要出发，学有所得。

## 8. 分数与综合素质

这是从质量层面而言的。"考考考，教师的法宝；分分分，学生的命根。"普通高中新课程改革从2007年伊始，我们就强调要实施学生综合素质评价，并纳入学生的高考档案。从今年新课程改革的第一届高考来看，综合素质评价的结果没有达到预期效果，省考试院反映，有些高校只认分，综合素质情况根本看都没看，我们学校我们老师辛辛苦苦评价出来，最后没用，积极性受挫。但我认为这不代表现在没人用，将来也就没人用。前段时间媒体报道，改革开放以来各省市区高考考分第一的1000多人，在政界、商界、学术界没一个是领袖级人物。据说参加"神五"研制的科研人员上10万，前1000名顶尖级专家中也没一个清华、北大毕业生嘞。在这里，我不妨引用一名大学新生在反思自己中学生活时的一篇文章中的几句话：当我拿到大学录取通知书时，我猛然觉得几年中学苦读换来的除了一张通知书外，似乎什么都没有——没有朋友，没有很好的睡眠，没有美好的回忆，没有对生活的热情，没有稳定而深刻的兴趣爱好。这番话，引起了我对教育的深思：这到底是我们学生的不幸还是教育的悲哀呢！我想，随着高校招生考试的进一步改革，高校联考比例的加大，招生考试将分离，分数将会进一步淡化，综合素质将进一步彰显。负责任的学校必然强调对学生将来负责，培养学生的综合素质，也势必会走特色办学之路。到时，今年8位复旦大学教授联名招不到一个学生的事例将不再发生。我想这些应该已引起了高层的关注，将会在总结经验和教训的基础上，进一步完善相关政策和策略，僵化的人才选拔机制将会逐步改变的。上世纪涌现的华罗庚、钱钟书、沈从文等一大批杰出人才，靠的就是"无视分数"。华罗庚一生只有个初中文凭，连高中都没读完，1930年就因为一篇论文轰动数学界，被清华大学请去工作。钱钟书报考清华时，数学仅得15分，但因国文、英文成绩突出，于1929年被清华大学外文系录取。沈从文就更不需提了，其文凭只"小学毕业"，徐志摩却推荐他去中国公学当教师，最后却成了山东大学和西南联大的教授。前些年出现北大毕业学生杀猪卖肉，汶川地震时出现的"范跑跑"不也是北大的毕业生吗？如果凭高考考了高分而不顾综合素质，进了名校，读几年书毕业了，随着文凭崇拜的逐步淡化，就业就是很麻烦的事情。社会上不是流传："出了校门，回到家门，就业无门"吗？应该是对只会应试的人而言的吧。媒体不是报道过有家长代投求职简历吗？在这转型时期，考试还是检测学习成绩的重要办法，评分也一时难以废除；将学生送入名校深造无可厚非，也是对我们教师职业最基本的要求，然而，学生深造的目的何在？难道不是为了让他们将来在社会上能够更加顺畅、更加惬意地生活吗？

创建特色学校是一项非常复杂的系统工程，我这里把自己的一些思考讲出来，希望起到抛砖引玉的作用，提请大家认真思考，踏实探索，也只有一系列要素同时运转，我们才能把虚项做实，小项做大，大项做细，弱项做强。

# 继往开来话当下普通高中教育[①]

普通高中新课程改革实验，自2007年全省性进入，今年刚好第一届学生毕业了，第二届学生也刚刚完成学业水平考试。通过追踪调查，我认为，全省各地各学校的广大师生员工都是激情投入，理性操作，做了许多有

---

① 摘发2010年第10期《当代教育论坛》综合研究。

益的探索，边研究、边实验、边推进，在继承中创新，在创新中突破，较好地解决了教师认同、选课指导、教学组织、课程实施、考试评价、教学管理等一系列问题，为进一步将实验推向深入创造了丰富的、可供学习与借鉴的实践经验。这场改革，对学校人的主体精神的尊重和唤醒，对学校人的内在潜能与积极性的激励和调动，对教师职业生活的改变和学生生活的改变，对现行高中教育弊端的冲击，都可以说是前所未有的。

这一轮新课程实验，是在资源（无论是设备设施物质资源，还是师资配备人力资源）严重不足的情况下进入的。这几年来的实践，可以说大家都是在问题解决中推进的。随着改革的逐步深化，不少学校在不断解决问题的同时又不断产生新的问题，而且实践越深入，遇到的问题越多。譬如：课时偏紧与教材内容偏多的矛盾，还没有有效解决；三维目标在课堂教学中有机地整合；教师对教材的整合与"二次开发"尚不能得心应手，等等。课程改革的关键在改课，面对实践中的这些"两难"问题，我们需要结合工作实际，既定的课程方案和课程标准的底限在哪里？改革发展创造的空间在哪里？

理想和现实的结合点在哪里？面对工作中的种种新情况，我们需要更多一些求实精神，更多一些建设态度，更多一些实践行动；面对现实中的诸多矛盾，我们需要更多一些辩证思维，少一些二元对立、非此即彼，注意找准尺度，抓好结合，求得和谐。今天，我们学校在行将放假之即，组织大家一起反思、研讨，这既是总结，更是提升。提升学校办学品位，提升自身素养，也将有利于提升学生素质。作为全省普通高中教育的一个行政工作者，我始终观察着这场课程改革，参与这场改革，反思这场改革和总结这场改革，也撰写了一系列文章。旨在全面理解新课程改革的特点、重点与难点，把反思和诊断问题作为切入点，基于问题去研究新课程，同大家共同发展，不断提高新课程实施的有效性，为高质量、高水平的课程建设与课程实施以及普通高中教育的发展贡献绵薄之力。

## 一、怎么认识普通高中新课程

课程是价值观和教育理想的集中体现，是把教育理想转化为教育现实的纽带。

　　大家知道，在这一轮新课程启动之前，即1999年始，普通高中课程作了一次改革，也叫新课程，选修、必修课程也有。这一轮改革，从课程方案来看，课程结构划分为：领域——科目——模块。学习领域规范着学生素养的基本范畴，是每一个学生都要学习而且是每一年都要学习的，它不得缺失；科目是学习领域的实体，规定着学生必不可少的学习内容，是每一个学生都必须学习的，但不一定每学年都得学。进入模块以后，情况就不同了，学生就有了选择的自主权，就是说，学生可以在一定程度上自主地选择模块，但不能选择科目和学习领域。有些科目采取模块+系列（模块）的形式：模块是每个学生必须学习的，系列则是学生可以自主选择的，系列也由若干模块组成，学生选定一个系列后，原则上就得修习该系列所包含的所有模块，当然也可以跨系列选择模块，如数学等科目。有些科目采取模块+模块的形式：学生学完必修模块，其他选修模块可以自主选择，如历史、地理等科目。有些科目则直接由若干系列或模块构成，学生根据规定和自己的兴趣选择一定模块学习，如音乐、美术等科目。学生对模块的学习，除了有严格规定外，不受模块之间的顺序影响。这样一种课程形态，与传统课程相比，其知识基础是基本相同的，新课程在一定程度上是改造了传统课程内容组织的线性的梯状序列，更重视周边整合，而使课程内容得以纵横沟通和相互联结。"新"、"旧"课程最大的区别在于课程特性上的开放与封闭问题，确切地说，新课程具有更大的开放性，改变了传统课程在课程内容上按知识的逻辑关系线性排列、依次递进的模式，且强化了在牢固掌握知识的基础上与现实生活的联系，重知识的实际运用。

我认为这样一种课程形态，对普通高中而言是充分体现了素质教育思想的。这是因为高中是一个独立学段的教育，有独特的地位和价值，尽管其与义务教育同属基础教育，但是以义务教育的基础为基础的。义务教育强调的是共同基础，普通高中是高级阶段的基础教育，其教育基础是强调在共同基础上张扬个性的基础，高中的这个"基础"，不完全是知识上的基础，而是最基本的人生发展的基本素养，是为学生规划自己的人生，成为会学习、会选择、实践能力强、对自己负责以及自我就业能力强的成人的基础。就是说高中阶段的基础教育还应该而且尤其应该从终身教育的角度，为每个人提供自由塑造自己的生活和参与社会发展的手段，培养学生认识自己天赋和发展倾向以及对自己未来作出正确选择的能力。是因为每个学生的禀赋、潜质、个性不一样，新课程重选择多样化，可以让大多数学生在最适合自己潜力的方向获得最好的发展。我们讲真实意义上的全面发展，并不主张平均发展。如果要求学生将时间和精力平摊到所有的课程，传统课程已经证明，那样势必扼杀学生的充分自由与全面发展的可能。所以，在参与制定新课程背景下高考改革方案时，我竭力建议：增加对高考科目成绩排全省万分之一的考生档案提前投档的优惠政策。

也许有人会说，新课程方案好是好，但对我们老师的要求太高，加重了我们老师的负担。这倒是大实话。尽管学生进入新课程前，从国家到省到市州到学校层层实施了大规模的教师培训，但"纸上得来终觉浅，绝知此事要躬行"。事实上课程改革所需要的高素质的教师只能在实践中造就。课程改革的重要任务之一就是边改革边造就适应改革的教师。教师素质的提高有赖于一个鼓励竞争的制度和能够发挥创新力的机制。科学的制度和机制可以提高效率，促进公平，制约权力，实践和固化理念。促进教师专业发展，应坚持主流价值观的导向，关注教师的生命价值，尊重教师的专业自主权，丰富教师的专业情感，培养教师的专业精神。近十年来全省义务教育课程改革实验已经而且仍将继续证明这一点。

## 二、怎样正视当前的普通高中教育需求

湖南经济、社会的快速发展，对我们每所普通高中教育提出了前所未有的挑战。具体表现为：

一是在高中教育走向普及化的今天，日益增长的教育质量需求与教育适应性不足之间的矛盾。从2009年全省教育事业发展统计数据来看，2009年，普通高中学校数684所，比2008年减少58所；在校生数106.4万人，比2008年减少13.1万人；校平均人数1556人，比2008年

少55人，即一个班；招生数35.65万人，比2008年减少3.58万人；专任教师减少4.07%。初中毕业生升高中阶段比例为84.09%，比2008年上升1.67个百分点。中等职业教育招生占高中阶段教育比重49.46%，比2008年上升7.77个百分点。中等职业教育在校生占高中阶段教育比重43.18，比2008年上升4.21个百分点。生师比为15.28：1，比2008年减少1.18人。

二是日益增长的教育民主、教育公平需求与教育发展严重失衡之间的矛盾。这种失衡突出表现在不同地域之间，示范学校与非示范学校之间，导致了教育的平庸化，借口提高质量而使教育发展日益失衡，以致严重违背我国的教育性质和国家性质。2009年，全省首开学业水平考试，九科笔试全合格率67.23%，省级示范性学校平均九科全合格率86.95%，而省级示范性学校最低的仅16.09%。九科全合格率，株洲市为80.08%，而最低的怀化市为56.85%。为促进学校全面贯彻党的教育方针，全面实施素质教育，去年7月处罚了29所省级示范学校，取消7所、暂停6所、通报批评16所省级示范性学校，表彰了38所省级示范学校和32所一般普通高中学校。

大家非常清楚，普通高中教育不仅要关注人的社会性，同时又必须关注人的自然性和个性。教育的本质功能是育人，是为学生的终身学习和终身发展奠定基础。其基本理念是：主动适应社会发展和科技进步的时代需要，促进学生全面而有个性的发展。这要求我们学校创建富有个性的课程制度和学校文化。

我国的教育方针自20世纪50年代末提出以后，尽管在语言表述上几经改变，但"德智体全面发展"的培养目标是始终如一的。而为什么进入90年代以后，又要提出并实施素质教育？我认为是对在"全面发展"方针执行过程中造成的一些遗憾，或直白一点，就是对应试教育的一种纠偏，警醒人们将教育方针进一步落到实处。那么，素质教育作为国家教育意志提出并推行这么些年来，为什么在某些地方沦为"只打雷，不下雨"，问题就在于没有在学校形成一套行之有效的做法。现在的课程改革还没有完全从传统教育的"围城"中突围出来，还只是站在新课程改革的"半山腰"欢呼，还没有攻克课改制高点，没有有效地触及课改核心。同志们，行百里，半九十。开弓没有回头箭。我们必须一如既往，努力、努力、再努力哟。我们也知道，任何一所学校都是具体的、独特的、不可替代的，它所具有的复杂性是其他学校的经验不能说明的。在一定程度上，只有深入这所学校的具体的生活场景，才能找到解决问题的钥匙。这一轮课程改革，扩大了学校的办学自主权，使得校本课程这一高扬个性旗帜的事物有了生存与发展的空间，也为校长和教师实施素质教育提供了一个具体的目标和把手，有利于制定出学校和班级深化教育教学改革的方案与措施，有利于形成学校的办学特色。因此，对我们学校、对我们教师来说，要进一步更新理念，进一步钻研课标和教材，进一步拓宽知识视野，进一步更新方法。实施新课程，就是改革以接受和守成为主要特点的传统教育。实践已经证明：人的发展与人的知识占有量和人的智力之间不存在正比例关系。据一份调查报告显示，1977—2008年32年间1000余位高考"状元"中，没发现一位是做学问、经商、从政等方面的顶尖人才，他们的职业成就远低于社会预期。只有保证健康、给人幸福、助人成功、使人高尚、激励人不断发展的教育，才能培养出德智体等几方面全面发展的富有创新精神和实践能力的"兴国人才"。

## 三、怎么认识、开发、实施校本课程

这一轮普通高中新课程实验，分两级课程，一为国家课程，二为校本课程。我理解校本课程是学校在国家规定的课程之外，为实现学校的办学特色，发展学生的特长和发挥教师的特点而自主确定的课程。按课程发展功能划分，可分为基础性课程、丰富性课程、发展性课程。基础性课程是在国家课程的基础上，对课程内容采取改编、新编、拓编的方式更新，或对国家课程中的学科知识分层建构，横向整合。丰富性课程是指丰富学生生活，促进学生全面发展，提高学生综合素质和生活质量的课程，如健身、怡情、励志等。发展性课程是在基础性课程上提高要求，增加难度，拓展学生能力的课程。具体到我们的学校，要开设哪一类型的课程，就要把握好"校本"这一原则，必须从学校实际和学校的办学特色出发，从学校、教师的特点出发，有利于形成学校特色，发展学生特长，发挥教师特点。

一般来说，校本课程的开发与建设主要有调查、选题、申报、审定、实施、评价等程序。从近三年的实践来看，校本课程开发与建设情况不是很理想，有的学校开设上百门校本课程，看似丰富、热闹，但我们反思一下，实施的校本课程呈现的绩效如何？是否有应景之嫌？起没起到国家课程的补充功能？是不是学校特色的挖掘？是否满足了学生内在的需要？我认为，之所以出现校本课程开发与建设中的某种盲目，其症结在审定环节。在调研过程中，我发现有的学校的校本课程的审定或随意或放任。我认为我们各学校的管理层对校本课程的开发与建设要切实负起责来，只能成功，不许失败，不能允许把学生当成自然科学实验室的小白鼠。在具体的审定过程中要依据自身素材性资源和条件性资源：确保开出的校本课程具有教育性和趣味性，激发主体情感、态度、观念的合理形成，而不只是教师个人知识的展示；具有启发性和实践性，以诱导学生探索能力的提高与创新，而不是陈述性知识的灌输；具有特色性和针对性，以促使主体个性发展的飞跃，而不是书本知识的"抄袭"；具有系统性和实效性，以实现学生人格、认知的发展和完善，而不是零散知识的拼凑。凡符合以上要求的可安排开设；基本符合尚有不足的提出修改意见；对不符合要求的，指出研究方向，重新考虑课程的相关内容。三年了，我们应该对《校本课程目录》进行重新审视并再修订了。同志们，校本课程不是用来装点门面的，全然不是为了"好看"。我认为，我们不缺教育理念，缺的是对孔子等教育传统思想与新课程教育思想之间的继承和发展。教育的改革与发展，总是批判与吸收共存，破坏与建设并行，否定与肯定同时。从这一角度看，我们的急功近利让教育掺入了许多非教育、伪教育甚至反教育的"杂质"，于是我们的教育也就日渐缺少了真实、真情与真义。瞄准这样一些问题，我们完全有理由在教育的遗留处、在教育的遗漏处、在教育的遗失处、在教育的遗憾处以"教育，我们还能做什么"为视点与论点进行一番深度观察和深入讨论，以一种更为积极的、主动的姿态迎接新课程更深层面的挑战，我们也完全有信心看到新课程教育的光明前程和美好前景。

## 四、怎样创建特色学校

随着教育的进一步改革和发展，随着高中教育的普及，将来的普通高中学校将会走向分化，一类是精英教育，培养目标至少针对国内一流大学，二类是针对国内一般本科院校，三类是面向专科或完成高中学业直接就业。《国家中长期教育改革与发展纲要（2010—2010年）》明确要推动普通高中走多样化发展，推进培养模式多样化，满足不同潜质学生的发展需要。鼓励普通高中办出特色，鼓励有条件的普通高中根据需要适当增加职业教育的教学内容，探索综合高中发展模式。我揣摩应有这个意思。以往我们高中教育的培养模式是"大一统"，忽视了学生的个性发展，压抑了学生的兴趣爱好，致使学生千人一面，缺乏特长。随着市场经济体制的确立，办学体制、管理体制的变革，市场经济对人才的需要具有多样性，特别是在这个充满激烈竞争的时代，学校要求得生存和发展就要办得有特色，这就迫使我们打破传统的培养模式，重视学生个性特色的培养，使学生的主体性得到充分的发展。

那么什么是特色学校呢？顾名思义，是指在办学过程中因自然因素和人文因素而形成的富有个性的、有创新的、比较稳定的教育整体特征。其中，"个性"是说与一般不同，具有独到的特点；"创新"是说在某些方面有创造性、有新发展，即"人无我有、人有我新、人新我优、人优我特"；"稳定"是说经过协调和完善，逐步形成固定的风格。

回顾起来，现代意义上的教育，应该从鸦片战争后才起端，真正发展是在20世纪初，一批归国学人大力推广新式学校教育，其办学模式先照搬日本，后学西方，以学美国为主，解放后照搬苏联，搞集权式教育，导致学校没自主权。到90年代前后，中小学创建特色学校的实践才进入推动发展阶段，特别是1993年《中国教育改革与发展纲要》颁行以后。到90年代后期，才慢慢进入发展高潮，特别是2003年《民办教育促进法》颁行以后，特色学校已开始从"偏门左道"进入"大雅之堂"，主要表现为：以办学模式的转变为突破口，由被迫追风赶潮转入自觉创建特色，由创学科特色走向创建教育整体特色，走向在寻求育人的最佳成效中创建特色，从自发单干到寻求与教科研机构合作。

特色学校发展沿革已证明，它是与制度化、标准化的学校相比较而言的，即特色学校有不同于一般制度化、标准化的个性特点。同时，特色学校也是一所学校与其他学校相比较而言的，就是一所学校与其他学校相比有自己的特色。特色学校的突出标志是强调的整体性发展。实现学校特色化发展是对学校教育教学的整体改革和设计，具有长期性和系统性，而绝不是权宜之计。创办特色学校，实际是个性与共性的统一，局部与整体的统一。特色学校不等于学校特色，拥有少数特长学生，或有个别特色项目，甚至达到较高水平，这只是有个别属性，并不具有整体特征，因而只能叫学校特色，而不能冠以"特色学校"的称号。省教育厅颁发《湖南省普通高中特色教育实验学校建设基本要求（试行）》就是基于这样的考虑。

创办特色学校，其意义在于是时代发展的呼唤，是学校追求生存、发展的需要，更是遵循教育规律的要求，因此，在创建过程中应该着眼于全体、全局。如果是以学生特长为主的特色，那应该是大多数学生都能参与，甚至是全员参与，对所有学生都能起到促进作用。如果是以某几个优势项目为主的特色，那应该体现和渗透于学校工作的各个方面，反映出学校的整体风貌。当然，强调特色的整体性也不是要求面面俱到，样样都好，应该是抓住重点，以点带面。环境特色滋润师生心灵，制度特色规范学校管理，精神特色引领前进方向，课程特色丰富师生素养，行为特色提升办学品位。长沙市一中自1912年创办至1949年37年间，前后共有24位校长主持校务，平均每位校长的任职时间才一年多一点，而学校竟能盛名久扬，就是因其特色而始终拥有一支稳定的、业务精深的、师德崇高的教师队伍。

特色学校的创建需要充分调动和发挥学校师生在建设中的积极性和创造潜能，充分挖掘学校教育资源的潜力，走"科研兴校"、"科研强校"之路，塑造并整合特色，科学定位并完成两项基本任务：一方面要在学校内部形成有利于学生个性和多样化发展的教育环境，实现学生的特色化发展，并形成学校自己独特的办学风格与个性；另一方面，特色学校必须要取得优异的教育和办学成果，在培养人才方面效果显著。特色化办学的最终目标是促进学生整体素质的高水平发展。也就是要求我们学校，从环境到细节，都须凸显学校特色的熏陶功能；从传承到发扬，发挥学校特色的凝聚功能；从静态到动态，搭建学校特色的活动平台。

在教育改革的实践中，我们常常可以看到原来名不见经传的一般学校甚至是后进学校，由于他们实事求是地分析了学校的优势与劣势，扬长避短，采取了强有力的改革措施，短短几年就甩掉了落后帽子，跻身于先进行列。长郡中学就是在上世纪90年代胡立当校长时实现的质的提升。这种变化的关键是抓住了发展的契机，把住了学校教育中的优势，选准了突破口，伸进了整体优化，形成了办学特色。从学校层面看，学校特色是学校的核心竞争力；从教师层面看，学校特色是教师自我发展，建功立业的精神动力；从学生层面看，学校特色对学生的终身发展影响深远。当然，也有些已形成特色的学校，或因领导变动，或因环境变化，或因其他影响，没有能够持续不断地发展下去，而成为改革大潮的匆匆过客，昙花一现。办学特色的发展性特征告诉我们这样一个道理：后进者并不可怕，只要积极挖掘自己的潜能，选准主攻方向，坚持改革，就可以做到后来居上。对历史机遇的认知与把握，必须站在历史的高度。它既需要一种激情和责任，更需要一份理性和清醒。学校应该抬头看天，同时更应低头看路，如何搬开阻拦我们的"路障"，在诸多问题中"清理"出路子来，才是当务之急。同时，在创建特色后也绝不能掉以轻心，应继续发展特色，不停顿地攀登新的高峰。教育的竞争，不仅仅是数量规模和设施条件的较量，更多的是质量水平、质量管理模式的比拼。

## 五、怎样将我们的教学改革推向深入

这里援引一学者所述并结合我们教育的实际，我认为只要坚持职守，树立"用责任和智慧奠基未来"的理念，至少我们能在这样一些地方还可做一些力所能及的事情：一是需要做到但我们忽视的地方。教育要促进学生德、智、体、美几方面全面发展，整体发展，但重智轻德、轻体、轻美之处屡见不鲜，这是培养完整人吗？

"三维"目标有机整合了吗？指导、帮助同伴互助了吗？二是可以做到但我们轻视的地方。比如以往家访等一些好的作法是否坚持下来了？指导学生学习、帮助学生选择课外阅读物了吗？三是应该做到但我们不敢正视的地方。比如面向全体学生了吗？又比如备、教、辅、改、考这些环节是否完成了？课堂教学的预成与生成关系处理好了吗？春游、秋游了吗？四是已经做到但我们过度重视的地方。比如重基础知识的牢固掌握而搞题海战术，这是素质教育吗？五是尚未做到但我们难以透视的地方。比如引导家庭教育理念、社会评价理念的转变上。又比如对学生成绩的排名是否改全部排名为局部排名、改透明排名为隐形排名、改单项排名为综合排名、改标签排名为鼓励排名、改缺陷排名为优势排名了呢？

大家知道90%×90%×90%×90%×90%等于多少吗？在进行计算之前，你可能想不到，看起来很不错的90%，累计起来，结果只有不过59%的得分。也就是说，90%×90%×90%×90%×90%＝59%。抛开简单的数学意义，这个等式能说明什么？

任何一项工作的过程都是由一个个细微的环节串联而成，每个环节都以上一个环节为基础，各个环节之间相互影响的关系是以乘法为基准最终产生结果，而不是百分比的简单叠加。环环相扣的一系列过程结束后，"很不错"的90分最终带来的结果可能是59分——一个不及格的分数，这就是过程控制效应。

　　教育方案的实施同样需要经过构思、策划、设计、讨论、修改、实施、反馈、再修正等诸多环节，如果我们不能在每个环节都不折不扣、斤斤计较，对出现的问题不及时解决，对每一个环节不及时反馈和修正，那么，最终的结局可能就是这个环节你做到了90%，下一个环节还是90%，在5个环节之后，你的教育工作成绩就是59%——一个不及格的分数。或许这也是我们实施新课程教育难"达标"的原因之一。德国现代规划制订者让•莫内说了一句现代的话："现代化要先化人后化物。"教育现代化的终极目标是塑造现代化的人。作为现代教育工作者，不仅要十分辩证地认清共性和个性在每个学生身上的完美结合，而且更重要的是采取有效手段，充分挖掘学生潜能，调节好他们乐学向上、亲道信师、人际和谐的健康心态，使学生潜在的自身组织性发挥出最大的作用，成为一个完整的人。苏霍姆林斯基说过："在教育集体的同时，必须看到集体中每一个成员及其独特的精神世界，关怀备至地教育每一个学生。"德国教育家斯普朗格说："教育的核心是人格心灵的唤醒，教育的最终目的是把人的创造力量诱导出来，将生命感、价值感唤醒。"神医扁鹊当人们夸他的时候，他说我的医术不如我的两个哥哥，我大哥能让你不得病，我二哥能让小病不成为大病，我只不过是能给人治已经成型的病罢了。

于是，我们也就不能不明白这样的道理：我们教育的结果不能打折扣，所以教育理想的执行过程也不能打折扣。我们应该心怀永不满足和永不满意的心态、以积极实践教育理想的雄心壮志和脚踏实地的行为，我们的教育才能永远有着值得研究的问题和值得改进、创新、超越的环节。所谓发展，就是发现问题，研究问题，解决问题的过程。

域外教育

# 访日教育有感①

　　在安倍晋三首相的"破冰之旅"和温家宝总理的"融冰之旅"之后，中日两国之间的交流取得重大进展时，7月11日至19日，我作为中日2007年第二批青少年短期访日代表团湖南分团团长率44名高中师生参观访问

---

① 发表于《湖南教育》2007年11月1日旬刊教育综合平台。

了东京、神奈川、福井、大阪等地，与日本各界人士进行了广泛而坦诚的交流。在参观访问的过程中，我尤为关注的是中日两国之间教育方面的不同，特别是值得借鉴的地方。概括起来说，突出的有以下几点：

## 一、处处体现出人本理念。

日本有一句俗话"不要给别人添麻烦"，即约束自己的行为，不要影响到别人（比如说遵守时间的观念），要为别人提供尽可能多的方便。推而广之，也就是一种以人为本的理念。尽管就硬件而言，表面看来，我国经济较为发达的地区与日本并没有太大的差距，在某些方面甚至已经超过日本，但是在其他很多方面都却有着相当的距离。比如说，在从福井到大阪的电车内，我们发现车厢内的整体设施与我国最先进的列车有细微的区别。这种区别在于是否替所有乘客着想。比如电车的厕所中有供母婴专用的便具；又比如说，在我们参观的两所高中的教室里并没有国内一些中学常见的宏伟的围墙、多媒体教学设备，课桌椅比起国内不少学校来都显得相当陈旧，但在学校内部却有残疾人专行道和电梯。至于地铁站的盲文售票机、超市中免费使用的饮水机等便民设施就更常见了。拓展到为人处世等所谓的"软件"领域，这种以人为本的理念也同样是贯穿始终的。在超市购物，营业员永远面带微笑；在马路上行走，汽车永远给行人让道；甚至我们在国内都市中习以为常的汽车鸣笛声，在日本也几乎是没有听到过的。总之，只要留心观察，就可以发现日本的各个角落里都能够找到一种人本理念，这是此次日本之行感触最深的一点。

**二、教育的先导性地位得到了落实。**

这也是我们日本之行最感兴趣的方面。日本人已深刻认识到自身天然资源的稀缺，深刻认识到教育在把握人类自然命运、促进社会发展方面能够发挥巨大作用。"二战"后崛起的经验也验证了这一点。尽管是私有制的社会，但日本各级政府把教育作为增强综合国力的关键来抓，着力于开发和利用人力资源，舍得投入教育事业。从其两所高中访谈中了解到其财政生均投入，按收支比例结构算，起码是我国中部地区的10倍以上。就我们的了解而言，高中教育基本上是公立的。他们的高中虽非为义务教育，却免费提供课本。同时又本着谁受益谁象征性掏钱就学的原则交费。但交费标准由县议会定。从教育实际来说，日本的应试教育比较突出。我们所到柏阳、足羽等高校，走廊上贴满了大学（即有公立的，也有私立的）的招生广告。据说是为了搞好衔接，经深入一了解，日本学生除参加全国统一考试取得入围资格后，为了考上一个好一些的大学，日本的学生还要参加大学的一些测试，因而在参考之前学生要付出最大的努力来参加各种各样的有针对性的补习班。但这样的补习是根据大学的定位、专业的需要而进行的。然而不可否认的是，日本的经济实力、科技创新能力乃至国民素质，在全世界都堪称一流。这样看似矛盾的现象不能不引起我们进一步的关注和反思。

## 三、注重公民素质教育。

日本普遍关注高中生作为社会公民的责任，引导高中生为今后独立的生活做准备。公民素质的培养确有其独特之处。其学校教育强调了综合能力的培养。从其两所高中课程设置表，我们了解到，国家课程除设置语、数、外、理、化、生、艺、体外，还设置了现代社会、伦理、家庭总合、情报、保健等课程。学校则根据实际开设了学校课程，如柏阳高校开设了生活产业基础、校外讲座等。学生在班上有班委会，但比我国的有所区别，如会计等。学生在校完成当天课程，根据自己的实际，有一个小时左右时间参加各种各样的实践活动再离校。家庭和社会为促进学生的和谐发展提供支撑。比如说在山梨县的环境科学研究所我们了解到，每年都有上万人次的中小学生在学校的组织下来这里接受环境保护教育。在这里，除了了解环境保护的重要性之外，听众们还需要作出自己的承诺，哪怕只是不乱扔垃圾、少用塑料袋之类的小事。访日团全体成员一致反映，出访九天，在城乡留下了足迹，皮鞋竟一尘不染。试想，如果人人都能履行自己的这些承诺的话，一个国家的环境也就必然会得到很大的改观。如果高中的教育教学注重把学生培养成积极参与公民生活、具有健全人格或公民基本素养的话，又何愁综合国力不强。

## 四、重视学生个性的充分发展。

其高中教育分两级课程，有全国统一的课程，反映国家的基本要求，以保证每个学生有共同的基础；也赋予了学校合理而充分的课程自主权，有经县教育委员会审定的学校课程，强调个体多样化发展。比如，我们所到的柏阳高校开设的国际理解教育课程与足羽高校开设的国际教育课程就有明显的不同。还需要特别指出的是，日本高一高二的学生课业负担不重，他们在放学之后能根据自身需求积极参加各种兴趣学部活动，或在外面打工，通过与社会与他人的接触而充分挖掘自己的潜力。他们这种重视个性张扬是与实际、实践紧密结合的，不仅体现在课堂之外的活动，甚至在教科书中也对"吃不饱"的设有提高部分，还体现在教学上。比如分班，他们也分文、理科，分普通与特进班。不过，文理科是在高二分的，而普通与特进班是在高三时根据学业成绩、学力分的。在足羽高校，普通与特进班的区别仅仅是特进班的数学和生活两门课程加深了。同时日本的课程渗透着学以致用的思想。比如说在高一的书法教材中就有专门的一章是"生活中的书法"，介绍书法在生活中的应用。在其他的课本中实践性的内容也处处可见。在参观山梨县的环境科学研究所的资料室时，我们看到一本《小学五年级学生的自由研究》，其中竟然有用橘子制电池的实验。尽管这并非是过于高深的实验，但是如果一个小学五年级的学生就能够通过自己动手完成这样的实验而提高对科技的兴趣、对实践的兴趣的话，长此以往，每个人从小就有浓厚的创新精神和实践能力的话，一个国家的科技实力又何愁得不到提高呢？

综合起来看，日本的教育理念是根植于以人为本的社会观念中的。学校教育的根本目标是造就适应社会发展的公民，而整个社会的人本意识又促使学校教育兼顾了学生共性和个性的和谐发展。尽管在短短的九天内，我们不可能对整个日本有全面深入的了解，甚至在这里提出的一些观感也难免以偏概全、挂一漏万，但是在有限的观察中，联系实际，仍然可以得到不少有益的启示：

　　首先是如何认识我们今天的教育。诚然，比起日本来，中国的基础教育，一是政府办基础教育特别是高中教育的职责还没有履行好。财政的投入是明显不够的，同时统筹城乡教育虽已出台政策，但在基层特别是县乡两级的落实亟须努力。同时就我们学校来说，也有一个如何将有限的经费用科学、用实在的问题。二是日本学校均衡发展的做法值得我们借鉴。他们的作法是在一个学校校长任职满四年、教师任教满八年，在县内要轮换。且每个高中学校都有自身的定位，学校规模、设施配备、班额、教职工待遇在县域内相对平衡，自然不存在中小学择校的状况。高中毕业学生高考也不由学校集中报名，更不在学校设考点。三是中国中学生学业基础尤其是数理化教育相当扎实，然而学生从小受到的人文教育则相对缺失。据神奈川县教育委员会介绍：日本的县教育委员会也组织统考来检测所辖学校教育质量。他们衡量教育质量的高低不仅仅在于分数，也不仅仅在于知识，它更在于使学生受教育的过程成为充满活力的成长和自我实现的发展过程，在于使每一个体达成最大限度的自我实现。正如这次日本之行中遇到的一位大学教授的调查所说："中国学生的成功观念更多在于如何超过别人，而日本学生则更关注如何让别人喜欢自己。"两种观念当然各有偏颇，但是对于中国学生而言，问题也许是更为突出的。中国学生所谓的超过别人主要是在考试成绩上超过别人，学校、家长、社会对学生的评价也主要在于成绩，这往往会造成目标的过分单一，而使学生仅仅以取得一个良好的分数为自己的学习目标。这样的教育，一方面，相对于分数来说其他的一切都显得不那么重要，这往往会导致学生越来越不善于处理人与人之间的关系，越来越不善于融入社会，也就越来越不善于面对真实的生活。另一方面，在中国目前的基础教育及其评价体系中，学生要做的并非是进行多元的思考和实践，而是努力使自己的思维靠拢一个标准的答案，如果长此以往，这就会使学生固化在标准答案的环境中无法进行自主而发散的思考，并通过自己的实践把这种思考化为现实，也就不会产生真正的科技创新。在当前基础教育课程改革背景下，如何边研究、边实验、边推进，在继承和借鉴中创新，在创新中突破，解决教育认知、课程认知、选课指导、教学组织、教学管理、考试评价等问题，是摆在我们社会特别是我们广大教育工作者面前的不容回避也是必须解决的问题。

其次是如何做到真正的以人为本。以人为本，归根结底其实仍然是如何进行教育的问题。日本青少年学生接受的教育并不旨在将每个人都培养成科学家，其教育首先是将每个人都培养成合格的公民。因此，日本青少年从小就养成了遵纪守法、尊重他人的观念，这也就是一种以人为本的意识。另一方面，在硬件建设和科技创新方面所体现的以人为本的意识，同样是其教育理念的必然成果。正是因为在学校教育中强调创新精神和实践能力的培养，学生从小就认识到课程结构和实际生活的联系，所以在日本的学校所看到的学生科技创新作品中，更多的是如何更好地考虑到他人的方便，如何更好地提高产品的附加值，比如供老年人使用的餐具、洗漱用具、轮椅、鞋子等，而不是脱离实际地盲目进行。所有这些，面对工作中的种种新情况，我们需要更多一些求实精神，更多一些建设态度，更多一些实践行动；面对现实中的诸多矛盾，我们需要更多一些辩证思维，少一些二元对立，注意找准尺度，搞好平衡，抓好结合，求得和谐。

理论与机制保障

# 在现实中播种理想　在未来中收获理想[①]

## ——从"推动湖南科学发展十大对策建议"说开来

　　近日，收到中共湖南省委"坚持科学发展，加快富民强省"解放思想大讨论活动办公室发的手机信息。秋夜梦长，极不成熟的我于是上网了解详情。一看征集内

———————————

① 撰于2008年9月，主要观点已上红网。

容，就感"跨越意识"，前缀"科学"，真有点困惑意味。我想，为了走向未来，特别是现代公民社会而不是自然科学的推进，需要的不是同过去的一切彻底决裂，甚至将过去彻底砸烂，而应该妥善地利用过去，顺应公民平稳的习性，在过去这块既定的地基上渐进式地构筑未来大厦。而征集时间拟10月中旬结束，这体现了省委需要集中社会各方智慧的迫切，但也似乎有阵发之嫌。我想，思想解放应该是我们一以贯之的行动理念，不是可以逐气温而穿脱的外衣。是也非也？

谈及推动湖南科学发展，讨论办业已提出主要围绕"四个转变四个增强四个进一步"*开展。这一命题作文实在煞费苦心，如何叫我不起笔。

---

* 注：1. 如何转变安于现状观念，增强科学跨越意识，进一步推进以富民强省为战略目标的更好更快发展；

2. 如何转变因循守旧观念，增强改革创新意识，进一步促进以建设"两型社会"为战略任务的综合配套改革；

3. 如何转变封闭狭隘观念，增强开放合作意识，围绕进一步推进"三基一化"战略全面提高对外开放水平；

4. 如何转变片面发展观念，增强人本民生意识，进一步抓好以严守"四条底线"为战略保障的统筹兼顾工作。

## 建议一，出发点、着力点、归宿：解放思想为民生

科学发展不是单纯的经济发展，而是包括经济、社会、文化、政治等方面的全面进步，既包括以人为本、全面协调可持续的科学发展，又包括经济社会各方面事业的有机统一、社会成员团结和睦的和谐发展。党的十七大报告指出，必须在经济发展的基础上，更加注重社会建设，着力保障和改善民生，努力使全体人民学有所教、劳有所得、病有所医、老有所养、住有所居，推动建设和谐社会。改革开放以来，湖南经济建设成就显著，为社会发展提供了较充实的物质基础。但是，湖南仍处于并将在一定时间内比上不足，真正崛起尚需时日。就业、教育、医疗、社保等民生问题明显滞后于经济发展，已经引起广泛关注。这些社会问题不解决，将影响和制约湖南经济的进一步发展。可以这样说，离开了社会发展，经济也将失去持续发展的支持和条件。

"民为邦本，本固邦宁"。当前的民生问题是关系党的执政地位、带有根本性和全局性的问题。解决民生问题合民心、顺民意，体现了科学发展观的要求。我们

既要着力解决发展教育不单是追求数量、扩大就业不单是劳务输出、深化收入分配体制、健全社会保障体系、建立基本医疗卫生制度等社会事业问题，促使社会事业又好又快发展；又不能顾此失彼，应注重生产安全、社会治安、突发事件应急处理、社会组织建设、社会体制完善等社会管理问题，维护社会秩序和稳定。既要改善城镇的民生问题，更要改善农村的民生问题，注重配合和协调。近些年，湖南推进"三基一化"、建设"两型社会"，成效明显。譬如教育，省委、省政府出台了决定，得到了全省人民的拥护和支持。但是成就人成就社会的教育的经费投入与适当超前发展要求有距离，仅国民基础教育设施建设负债约合100多亿元。更不论加强教师队伍建设，发展远程教育和继续教育，建设全民学习、终身学习的学习型社会了。

**建议二，前提、基础、保障：解放思想用好人**

湖南推进"三基一化"、建设"两型社会"，目标宏伟，任务繁重，道路艰辛。要顺利实现这一目标，需要各级党政组织提高执政行政能力。因此，用好人是湖南与时俱进，勇于探索，善于创新，不断提高科学决策能力、组织动员能力、统筹协调能力、公共服务能力，引导和保障推动湖南科学发展的前提、基础乃至决定性因素。

目前从总体上说，各级党政干部是基本能履行职责，但也不乏守成有余、创新欠缺现象。更有甚者，埋没现象屡见不鲜：正如近期《学习时报》所剖析干部制度中存在的问题，包括该选举的任命、该任命的选举，重选拔、轻管理，任用干部中的潜规则等等。能力强的在机关得不到很好的发展，被"窝"在一个很难受的位置，废掉了；干得好的不能得到提拔。倒是不少"跑"、"叫"、"要"地得到了最优的去处。此弊不除，好人会变坏、坏人会更坏。不是贪官割了一茬又出一茬，下一茬比上一茬还疯狂吗？这是值得我们认真研究的现象。反思起来，这是深层次的文化心理还是"木秀于林风必摧之"耐人寻味的"哲理"？对机关所呈现的这些复杂现象，期待他们忽而良心发现、回头是岸，是不可能的，唯一有效的办法是从制度、机制入手，用好人，提高公信力，让想干事的有机会，让能干事的有舞台，让干成了事的有地位。只有这样，才能彰显其价值。推而广之，使各级党政干部把职业与事业融为一体，从而使各级党政组织具有号召力、凝聚力、向心力、吸引力。也因此，可加快改革步伐，推进湖南科学发展，才是湖南向着更文明的层次提升的关键所在。

## 建议三，效能：解放思想，改革行政机制

十七大报告指出"加快行政管理体制改革，建设服务型政府"，要"着力转变职能、理顺关系、优化结构、提高效能，形成权责一致、分工合理、决策科学、执行顺畅、监督有力的行政管理体制"。改革开放30年来，行政管理作风、方式应该说呈现出了一种新气象。但是在我们高发达的、日益膨胀的行政管理体制中，并没有完全建立起理性、民主、法制、自觉、自主的非日常的运行机制，官僚主义、长官意志、经验主义、例行公事等方式使我们的行政管理体制变成了一个类日常生活的领域。不解决这些问题，推进湖南科学发展的前景

不宜过于乐观。而解决这些问题的唯一正确途径，就是解放思想，真正民主，改革行政管理机制。从当前来看，应着力以下三方面：

**一是改革我们的政风。**

十七大报告提出："构建社会主义和谐社会，促进社会公平正义"、还强调"全面认识工业化、信息化、城镇化、市场化、国际化深入发展的新形势新任务，深刻把握我国发展面临的新课程新矛盾，更加自觉地走科学发展道路"。现阶段我省基本稳定，各种主要社会关系总体上较和谐，但来自社会群体之间的利益关系和社会经济发展过程中出现的各种社会问题是面临的两大挑战。而某些地方的党政领导干部，对党中央、国务院的三令五申置若罔闻，对国民的主体意识、市场意识和权利意识的日益觉醒熟视无睹，以为"天高皇帝远"，仍然以"青天大老爷"自命，独断专行，以公权送人情，睁一只眼闭一只眼，照顾熟人、照顾关系户。譬如豪华的办公楼耗资至少几千万，外来的洋人看了都觉汗颜。矗立在风景区的别墅实在耀眼，据说主人都是有头有脸的官员。公务用车在压缩声中反增不减，哪一个单位没有超员的小车队。有些公仆常年奋战在星级饭店，从来就没有用自己的钞票埋单。二奶、情人都是美丽的定时炸弹，查出的贪官多数和她们有牵连。规矩是领导者制定的。规矩又常是领导者破坏的。制定规矩时，领导者要的是秩序。破坏规矩时，领导者讲"创新"。埋下的诸多火药桶，一旦导火索被点燃，岂能侥幸？

## 二是改革我们的文风、会风。

改革开放30年来，人们的思想作风呈现出了崭新的面貌。比如说，"文革"期间那套恶劣的"会风"、"文风"，受到了大多数人的唾弃。但是，作为现代政治文明重要组成部分的"会风"、"文风"，真正的改革并不是一个简单的过程，旧东西不是那么迅速、那么轻易就能被扫除掉的。以"假话、空话、大话、套话"为特点的"会风"、"文风"，不但远未绝迹甚或呈蔓延之势。究其原因，说到底是由于我们的那些"领导者"、"作者"缺乏基本的民主意识。在这种思想状况下，他们发表讲话、撰写文章的时候，总是觉得自己比群众高明很多，而人民群众和一般干部则水平低、知识少。即便有人讲真话，就有人扣你"政治上不成熟，此人靠不住"的帽子。大量的事实说明，官场上的"假话、空话、大话、套话"现象，实质上是个思想作风问题、思想方法问题。如果再进一步研究会发现，其深层次的原因还有文化修养方面的问题。

官员不讲真话甚或有人明知是假也不吭气，不仅失信于民，而且因信息失真极可能导致决策失误，影响党和政府的形象。更为糟糕的是，说谎献媚往往可以给人带来好处，诚信笃实却常常吃亏受气。不讲真话不仅毒化了社会风气，更为形式主义、官僚主义助纣为虐，套用毛主席的话，可谓"流毒全党，妨害革命；传播出去，祸国殃民"。

顺便作个说明：著名学者钟敬文先生曾说过："知识分子是社会的良心，是社会的中流砥柱。"但是在就业极为困难的今天，大家为了生存都或多或少地说过、写过一些违心的话，或者做过对不起良心的事情，自不必苛求。因为在任何时代任何社会里，人性总是趋利避害的。能够放弃世俗的利益，顶住权力、地位、锦衣美食的诱惑，去做一项前途未卜、风险极大的事业的人，总是少数；尤其是在政府垄断一切荣誉和地位的社会里，让知识分子都甘于抱困终生，不是奢望，也是梦呓。

**三是大兴务实的调查研究之风。**

# 关键在落实[①]

今天的讨论、交流，大家都发了言。处长围绕工作要点做了工作部署，特别是厅长作出了重要指示，这些都是我们搞好全年基础教育工作的行动准则纲领，必须贯彻，必须落实。在开这个会前，处长一定要我也讲一

---

[①] 2008年3月6日在全省基础教育年度工作会上的发言。

讲，我讲什么呢？借主持人的机会，就不着边际，针对一些困惑，讲一点对会议的学习感受吧，并以此表明一下我的工作态度。

## 一、态度问题

分发给大家的基础教育处2008年工作要点讨论稿，都是从全省整个情况讲的，对基础教育阶段各个方面、各市州的工作应该说都有着重要的指导作用。但各市州的情况实际是存在着差别的，既有共同的东西，又有许多不同的特点。把握特点是我们搞好工作的基础。

对于所列工作事项以及厅长的指示，我们要从总体上把握其精神实质，结合本地实际情况创造性地贯彻执行，譬如制定本地教育强市、强县文件，就不能简单地照抄照传，也不能各取所需。我们在指导基层工作时，要看到各地情况千差万别，要区别对待，分类指导，要重视特点，研究特点，把握特点，而不能搞一刀切；对于外省市、兄弟市州的新办法新经验和各种信息，要根据国家和省的总的精神和自己的具体情况决定取舍，而不能听见风就是雨。

今天供讨论的工作要点有七大块三十一小块，每一小块又包含着一系列工作，这表明我们的事情多，大事多，新事多，难事多。多，应该是我们拼命工作，讲究科学的理由，而不能作为大而化之的托辞；难，应该是兢兢业业、扎扎实实的根据，而不能作为逃避现实的借口。这就需要我们塌下心来，深入实际，大胆创新，不能囿于固有的思维方式，力争在重点、难点问题上有新突破。

但在贯彻执行国家和省的政策文件时，比如规范办学行为，不能借口特殊，自行其是，干扰统一部署；也不能不顾实际情况，比如推进新课程实验，就不能生搬硬套，只起录音机、传话筒的作用。

## 二、行动问题

我们这次会议就是统一认识、推动工作的必要形式。会议开得质量高、效果好。我们都是基础教育工作者，有共同的利益，共同的目标，是形成我们共同行动的基础。有了这个基础，才会有我们工作的自觉和自动。

会上散发了2007年国家和省各级领导批转的群众来信来访信件在我们各市州的落实情况，有的同志情绪不高，甚至气呼呼。在这里，我劝大家冷静看待。群众的反映是对我们现实工作的一种直观反映，往往不那么规范、雅致，不那么有条理，有分寸。但不是坏事，它有利于促进我们不断地研究新矛盾，解决新问题。我们必须上心，如果不办，失信于人，有那么几次，威信就会扫地，印象就会很坏。现在有些事情没办好，成效不显著，不是方向不明，政策不对，主要是干得不行，没有落到实处。有一传手，没有二传手，尤其缺乏扣球手，总不得分。

## 三、方法问题

我们基础教育领域的任何一项工作，抓不住重点，就抓不住全局；抓不住重点，就没有秩序；抓不住重点，就不会有合理的部署；抓不住重点，也就没有科学的方法。我们现在工作多，问题多，千头万绪，可谓日理万机，如果没有一个轻重缓急，先后主次，必然如坠云海，工作难以有条理。

每个市州、每项工作、每一个月、每一阶段都有重点，处处、时时、事事有重点。工作抓重点，问题找重点，汇报讲重点。抓重点就必须下决心，创新工作机制，不断提高自身的综合素质和业务水平，集中时间，集中精力，一抓到底。当然，抓重点还要兼顾好一般，有条不紊做好常规工作，但要保持清醒头脑，心里有底，区别轻重缓急，讲究先行后续，实行配套推进，并且随着工作的进展，及时组织重点的转移和调整。

# 教育督导特质之省察①

    教育督导是人类进入阶级社会以来一切有组织的教育管理活动中必不可少的组成部分。随着教育的发展，教育管理活动的组织化程度越来越高，督导也越来越显

---

①   摘发于《教育测量与评价》2010年12月上半月刊理论，标题为"审思教育督导的作用、职能及体制创新"。

示出它在教育发展中的意义。现代教育督导是适应教育管理活动规范化、科学化、高效化的要求而产生的，是对教育视导经验的总结、概括和提升。

## 一　教育督导的含义

### （一）教育活动的特点

教育督导活动是从教育视导活动演化而来的，自古有之，我国在《礼记》中就有"天子视学"的记载。自从有了教育机构，人们的教育活动就离不开督导。督导活动作为教育管理中重要的一项活动，广泛地存在于现实的教育活动中，大至国家、地方政府，小至学校、幼儿园等等，凡是有一定组织、活动目的的教育机构都离不开教育督导。可以说，教育督导是人类一切有组织教育活动中必不可少的组成部分。

那么，为什么教育督导实践会有如此悠久的历史？为什么教育活动与督导密不可分呢？这是由教育活动的特点所决定的。

自古至今，一切有组织的教育活动都具有三个最基本的特点：

1. 目的性。人类是我们星球上唯一有智慧能思维的动物，他们为了达到预期的目的，其一切教育活动都是经过大脑思考进行的。在自然界，蜜蜂和白蚁虽然也能营造非常精巧复杂的巢穴，但都只是一种自发、本能的活动，绝不会有意识地进行规划、设计和组织施工。人类却不同，每个人都有自己的需求、自己的理想，他们不仅为自己的预期目的和理想去奋斗，并且还往往需要其他人对其进行教育。甚至可以说，人类正是在为实现预期目的的教育活动中，在不断地思考、谋划、设计和组织管理的过程中，逐渐进化的。

2. 依存性。教育活动的目的性来源于人对外部环境和人类自身的相互依存关系。人类为了生存和发展，必须通过教育去适应和改造外部环境，去取得必需的资源，必须通过个人或集体的互动为自己或他人提供需求。人从来就不是孤立的个体，自远古开始，人类在与自然的斗争中形成了部落，后来的漫长的岁月中逐渐发展为许多集团、民族和国家，以及各种各样的社会经济组织。随着社会生产力的发展，人们之间进行着愈来愈细的社会分工。同时人们之间的相互依存关系也越来越紧密。尽管在人类发展的历史中，各个集团、阶级、民族、国家之间，经常充满着矛盾、冲突和斗争，但始终没有改变人类必须相互依存的特点，并且使经济、政治、军事、宗教、教育等各种社会组织日益严密和完善。

3．知识性。教育活动的另一个基本特点是能从自己过去的实践中学习，从前人的经验中学习，并能把学到的知识加以记忆、积累、分析和推理，从而形成人类独有的知识体系，包括各种科学理论、原理、方法和技艺。科学技术愈发达，个人所掌握的知识愈专门化，这就进一步强化了人们之间相互依存的必要性。从另一方面看，尽管每个人掌握的知识千差万别，但每个人根据自己的知识，来认识世界和自己的行为。因而，就有可能使人们能够逐步认识自然和社会的各种客观规律，包括处理人和自然及人和人之间各种关系的规律。随着人类知识的逐步积累，对客观规律的认识逐步深化，使人类社会的各种教育组织、制度和方法也日趋完善，人们终于有能力为达到各种目的而发展、建立起各种强大的教育机构。

教育活动的上述三个特点为教育的管理实践提供了客观条件，隐约回答了为什么教育实践悠久、教育活动与督导密不可分的原因。

## （二）教育督导的普遍性和必要性

广义的教育督导实践与教育活动密不可分的特点决定了在现实生活中，几乎所有的教育机构都会接触到督导，不是督别人，就是被人督。教育的上层建筑属性决定了国家督导地方政府，地方政府接受国家的督导；政府督导学校，学校接受政府的督导；学校校长督导着学生，学生接受校长和老师的督导；家长督导着自己的子女，子女接受家长的督导；……因此，教育督导是教育活动中最普遍的社会现象，影响着我们每一个人和生活的各个方面。这些说明了督导的普遍性，在现代社会，可以说凡是教育的地方就必然有督导。

既然有教育的地方就必然会有督导，那么，不妨倒过来说，依靠教育督导，教育的改革和发展才能进行正常。这从另一个方面又说明了督导的必要性、重要性以及其不可替代性。督导的必要性和重要性，可以从以下几个方面得到说明：

　　1. 督导是维系教育正常发展的条件，它是自阶级社会以来一切有组织的教育活动所不可缺少的。早在奴隶社会，人类就懂得了教育的必要。而有教育，就必须有督导。人类社会发展到现在，教育的社会化程度来越来高，督导也就越来越重要。古代的城市路口可以不设警察，国家可以不设环境保护官员，也没有必要设立律师管理机构，现在则非设不可，其道理是很明显的。督导的重要性，从我们的日常生活中也可以体验到。凡是有教育活动的地方，都需要督导评估，它是人类正常社会生活的必要条件。

　　2. 督导是教育发展的保证，它不但影响着教育的存在状态，规定着教育目标的实现程序，而且教育督导还能造成一种新的活力。首先，教育督导影响着教育的存在状态。一定社会有一定水平的教育。但这一定水平的教育，在不同教育督导条件下，其存在状态却不同。有时被压抑，有时则比较解放。这中间的原因，主要取决于督导，从宏观上说，有国家的管理体制；从微观上说，有具体单位的各种管理制度和管理人员的具体工作。我国义务教育在"两基"评估验收前后各地实践差异的情况就是证明。在一个县里，由于领导者不同，采取的管理方式不同，导致了教育发展水平的不同，也是证明。其次，督导关系着教育的发展速度。把教育从束缚状态下解放出来是一种进步，但它仅仅解决了现有教育发挥作用的问题，还不足以产生"新"的活力。教育总是要发展的。教育的发展从根本上来说是取决于经济发展、科技进步和劳动者素质的提高，而要做到这一点，既要调动人的积极性问题，又要具体组织和筹划问题等，而这都是最基本的教育督导问题。再次，教育督导规定着教育绩效的实现程度。有了一定教育，也制定了种种有利于发挥其作用的政策，但在教育没有具体动作之时，也还不能显出其效应。好的政策、制度，只是给教育的实现提供了必要的前提，却不是其实现本身。

教育目标的具体实现，还要靠具体的教育督导。没有具体的教育机构，教育目标不可能实现；而教育机构设置得不严密、不科学，教育目标则不能最理想地实现。国家对教育宏观的管理是如此，教育行政部门对教育的管理更是如此。最后，督导还能造成一种新的活力。对此，马克思论述得明确。他曾深刻指出：结合劳动的效果要么是个人劳动根本不可能达到的，要么只能在长得多的时间内，或者只能在很小的规模上达到。这里的问题不仅是通过朝着既定目标，共同努力，提高了个人生产力，而且是创造了一种生产力，这种生产力本身必然是集体力。而这种效果，也是教育督导的结果之一。

3. 从历史上看，一个国家的教育发达程度与教育督导水平的高低有密切的关系。看一下教育督导制度高度完备的英国[1]，英国的教育和科学部设有一支四百余人的督学队伍。督学的地位特殊，他们不是由国务大臣任命，而是经包括高级主任督学及文官委员会成员在内的选拔委员会的推荐，由国王（枢密院）任命，称"皇家

_____

[1] 摘引自《外国教育研究》1986年第2期《谈英国督学制度的现状》，徐顺松。

督学"（Her Majesty's lnspector）。他们代表国务大臣视察学校，了解教育情况，评定教育水平，提供业务指导。除"自治"的大学以外，所有地方教育当局、公立学校、独立学校、特殊学校、继续和高等教学机构、夜校、劳动机构、社区教养院、全国性教育团体和协会等都是他们的工作对象。督学处理问题的能力和专业方面的造诣，一向为广大教育界所公认，受到普遍的尊重。

与其他政府文官不同，皇家督学对地方教育当局或学校教师不发命令，只提批评、表扬和建议。他们对国家教育所起的作用：一是通过评价整个教育系统的现状和发展动向，并根据其独立的行家判断就全国教育制度的状况向中央政府提出建议。教科部的任何决策行动几乎都离不开皇家督学的建议。二是通过确定和宣传一些好的典型事例，指出必须注意的弊端，向地方教育当局和学校负责人提供咨询，为维持和提高教育系统的水平作出贡献。此外，还由于教科部不同于政府的其他部，它不设地区行政机构。因此，督学在保持中央和各地区之间的联系方面起着特别有价值的作用。在这个意义上，皇家督学可视为教科部的耳目。

督学的主要任务是对大学以外的所有教育机构进行视导，并向国务大臣报告视导结果。督学视导的职能，很早就一直被认为包括以下三个方面：(1)检查公款的使用情况。例如1922年教育委员会（教科部的前身）向议会报告说，督学的首要责任是"查明用在教育上的国家经费是否得到相应的教育价值"；(2)向中央政府报告教育情况并提出建议。如1839年皇家督学首次接到的指示强调，"要搜集事实和材料并向枢密院教育委员会报告视导结果"。1902年教育委员会声称该政府机构"将主要根据谙熟地方情况的督学所提供的专家建议行事"；(3)为各教育机构负责人提供咨询。"要运用其影响和经验，就学校和地方教育当局的工作提出改进意见并促进其发展"。上述这三个方面目前仍然体现在皇家督学的视导工作中。

多年来，皇家督学通过视导评价教育水平、提供业务咨询和向中央政府提出建议等，为国家教育事业做了许多富有成效的工作。作为督学视导对象的普通学校校长们反映：能有机会根据全国标准来评价他们的工作成绩和办学思想很有好处。他们欢迎视导工作的敏锐性和建设性气氛。采用各种不同方式的视导，使皇家督学能把个别学校的经验和全国的情况联系起来，并利用全国的经验为个别学校服务。

此外，在英国，教学计划、教学内容的确定和教科书的选择等均属地方教育当局和学校校长以及教师的权限，而且不采取国家审定教科书的制度。但通过督学的视察、指导和建议，可以充分表达教科部的意见，保证各地方的教育内容基本上达到全国统一要求的标准。这也是督学为维持和提高国家教育水平作出贡献的重要一面。

### （三）教育督导的含义

什么是"教育督导"，从不同的角度出发，可以有不同的理解。"督导"一词的英文是Supervision，原意是"视察和指导"的意思。所谓视察，就是根据一定的标准，对于教育事业实施的情形，作深入的考察，以期掌握教育的实际状况。比如党政教育意识、社会各方面的支持和保障，县市教育行政，各级学校教育，以及校舍设备，教师教学，学生成绩，经费支付，财产保管等项，固然要由视导人员去观察，即教育工作人员的办学能力。服务精神，学校的校风，学生的思想等等，也要由视导人员审察清楚，以为奖惩和指导改进的依据。所谓指导，系根据视察的结果，加以科学的判断，然后予被视导者以积极的指示或辅助，使教育事业得以进步。例如被视导者若不掌握政府的法规政策或主管机关的意旨，视导人员即当加以解释或宣传；若被视导者推行法规不力，视导人员即从而督促之；若教育设施有不尽合规定的，从而纠正之；有不尽善的，从而辅助之，使之逐渐改进，以求止于至善，以求达到我们的教育目标。所以教育督导的含义，包括视察和指导两方面，督导人员若"视而不察"，自然有愧于职守；即使"视而不导"，亦属未了解督导的真义。

因此，教育督导的含义，可综述如下：教育督导是督导人员依据有关教育的方针、政策、法规和教育目标，根据一定的标准，对于教育管理水平、办学效益、教育质量及其相关因素作认真的系统考察，将教育的实况，认识清楚；再根据考察的结果，加以价值判断；然后予被督导者以积极的建设性的指导和建议，督促政府及其有关职能部门依法行政，履行职责，深化教育改革，优化管理和教育目标的实现；督促和指导教育机构贯彻执行有关教育的法律、法规、方针、政策，遵循教育规律，深化教育改革，优化管理，实施素质教育，提高教育质量和办学效益；引导社会和家长用正确的标准评价学校，关心和支持教育事业的改革和发展，使教育事业得以健康顺利发展。

教育督导含义的这一表述包含了以下六个观点：

1. 督导是在一定的环境中进行的。任何一个机构都有一定的生存环境。对于督导来说，教育环境既提供了机会，也构成了威胁。外部环境是政府和教育行政部门的管理者所不能左右的，但是又是可以认识并加以把握的。教育督导在一定的意义上讲就是使教育适应环境的工作。全面正确地认识环境是做好督导工作的重要前提。

2. 督导是在一定的组织中进行的。当教育机构自身无法实现预期目标时，就要寻求别的帮助，通过督导，原来教育的预期目标也就必须改变为全体教育机构的共同目标。学校与其他部门之间，以及各成员之间必然会出现意见和行动的不一致，这就使协调成为教育机构必不可少的活动。所以说，有组织的教育就必须要有督导，督导也是在一定的组织上进行的。

3. 督导的目的是要实现预期的教育目标。督导不仅要在组织中进行，而且还要服务于教育的目标。督导的最终目的是要实现教育的预期目标。离开了这一点，督导就没有意义。可以说，世界上不存在无目标的督导。

4. 督导的本质是协调。协调就是使教育的努力与政府的预期目标相一致。教育机构的规模越大，这种协调在保证政府目标实现过程中的作用也就越大。

5. 协调的中心是人。在任何教育中都同时存在人与人、人与物的关系。但人与物的关系最终仍表现为人与人的关系，任何教育资源的分配也都是以人为中心的。由于人不仅有物质的需要还有精神的需要，因此，社会文化背景、历史传统、社会制度、人的价值观、人的物质利益、人的精神状态、人的素质、人的信仰，都会对协调活动产生重大的影响。

6. 协调的方法是多样的，需要定性的理论和经验，也需要定量的专门技术。计算机的应用与管理信息系统的发展，将促进督导协调活动发生质的飞跃。

## 二、教育督导的职能与性质

### （一）教育督导的职能

职能一般是指人、事物、机构应有的作用和功能。教育督导的职能就是教育督导活动所具备的基本功能与使用。督导活动是一个过程，它到底包括哪些最基本的职能？结合目前教育督导理论的最新发展和我国教育督导活动的实践，我认为把教育督导的职能划分为决策参谋、组织协调、引领指导、检查调控、创新是比较符合时代教育督导实践的发展要求的。它基本上反映了现代教育督导工作的主要功能和作用。

## 1. 决策参谋职能

决策是针对未来的行动制订的，参谋即代人出主意。未来的行动往往受到行动者所处外部环境和内部条件的制约，所以决策前首先就要借助督导反馈的信息，分析外部环境、分析本身的长处和短处，对未来的形势作出基本的判断。由于未来的形势受到很多因素影响，绝大多数情况是不确定的。因此必须进行预测，预测是以平时掌握的数据概率统计为基础的，很难十分准确，有一定风险。为了提高预测和决策的准确性，要依据督导评估结果，依靠数字模型、计算机进行科学的计算和模拟是完全必要的。但面对同样的事实前提，不同的决策者可能作出完全不同的抉择，这与决策者的价值前提和追求的目标有关。

由于社会经济教育形势十分复杂，各种因素相互制约，实际上很难找到真正优化的方案，而只能比较满意而已。对管理者而言，作出抉择是一项十分困难的任务。但作出正确的抉择，只是万里长征走完了第一步，更重要的是如何制订切实的计划来实施已抉择的方案，并在实施中不断检查，取得信息反馈，在实践中评价决策是否正确，这也需要督导评估。

任何教育活动从最高层管理者到最基层的工作者都有决策职能，愈往高层目标性（战略性）决策愈多，愈往基层执行性决策愈多。大多数教育的目标性决策是非程序性的，比较复杂，难度较大；大多数执行性决策是程序性的，难度相对较小。教育督导的决策参谋职能不是以"督"代"政"，也不仅各个层次的教育督导者都有，并且分布于各项教育督导活动中，所以，我认为决策参谋应是教育督导活动中第一位的基本职能。

2. 组织协调职能

教育决策的实施要靠方方面面的合作。教育工作正是从发展的需要产生的。教育工作如果要在实施决策目标的过程中，能有比各方面总和更大的力量、更高的效率，就应根据工作的要求与人员的特点，设计岗位，通过授权和分工，将适当的资源安排在适当的地方，用制度规定各个方面的职责和上下左右的相互关系，形成一个有机的整体，使整个教育协调地运转。这就需要教育督导的介入。

决策目标决定着教育结构的具体形式和特点。例如，政府、学校等由于各自的目标不同，其教育结构形式也各不相同，并显示出各自的特点。反过来，教育工作的状况又在很大程度上决定着这些方面各自的工作效率和活力。在教育的每一项决策和计划的实施中，在每一项教育业务中，都要做大量的工作，教育工作的优劣同样在很大程度上决定着这些决策、计划和管理活动的成败。任何教育机构是否具有自适应机制、自组织机制、自激励机制和自约束机制，在很大程度上也取决于该教育督导的状态。因此，组织协调职能是教育督导活动的根本职能，是其他一切教育活动的保证和依托。

3. 引领指导职能

决策与组织工作做好了，也不一定能保证教育目标的实现，因为教育目标的实现要依靠社会全体成员的努力。配备在教育机构各种岗位上的人员，由于各自的个人目标、需求、偏好、性格、素质、价值观及工作职责和掌握信息量等方面存在很大差异，在相互合作中必然会产生各种矛盾和冲突。因此就需要有权威的领导者进行领导，需要教育督导予以整合并指导人们的行为，沟通人们之间的信息，增强相互的理解，统一人们的思想和行动，沟通人们之间的信息，增强相互的理解，统一人们的思想和行动，激励每个成员自觉地为实现组织目标共同努力。教育督导的引领指导职能是一门非常奥妙的艺术，它贯彻在整个教育活动中。

4. 检查调控职能

人们在执行教育计划过程中，由于受到各种因素的干扰，常常使实践活动偏离原来的计划。为了保证教育目标及为此而制订的计划得以实现，就需要教育督导。这就是教育督导的检查调控职能。检查调控的实质就是使教育实践活动符合于教育计划。计划就是检查调控的标准。教育管理者必须及时取得计划执行情况的信息，并将有关信息与计划进行比较，发现教育实践活动中存在的问题，分析原因，及时采取有效的纠正措施。纵向看，各个教育管理层次都要充分重视调控职能，愈是基层的教育管理者，调控要求的时效性愈短，调控的定量化程度也愈高；愈是高层的教育管理者，调控要求的时效性愈长，综合性愈强。横向看，各项教育管理活动、各个管理对象都要进行控制。没有调控就没有教育管理。有的教育管理者以为有了良好的组织和领导，教育目标和计划自然就会实现了。实际上无论什么单位、什么人，如果你对他放纵不管，只是给他下达计划、布置任务、给他职权、给他奖励，而不对他工作的实绩进行严格的检查、评估、监督，发现问题不采取有效的纠正措施，听之任之，那么这个单位、这个人迟早将会成为工作的累赘，甚至会把他完全毁掉。所以调控与信任并不完全对立。教育宏观管理中可能有不信任的调控，但绝不存在没有调控的信任。

5. 创新职能

迄今为止很多研究者没有把创新列为一种教育督导职能。但是，最近几年来，由于科学技术迅猛发展，社会经济教育活动空前活跃，市场需求瞬息万变，社会关系也日益复杂，每位教育管理者每天都会遇到新情况、新问题。如果因循守旧墨守成规，就无法应付新形势的挑战，也就无法完成肩负的任务。现在已经到了不创新就无法维持的地位。许多教育事业获得成功的管理者成功的诀窍就在于创新。要办好任何一类教育任何一学段的教育，大到国家的改革，小到办学校、办幼儿园，都要敢于走新的路，开辟新的天地，否则总是踏着前人的脚印走，教育督导是不可能取得卓越的成就的。

## （二）教育督导的性质

研究和了解任何事物，都要对这个事物的本质有一个基本的认识。教育督导作为一种社会活动，也有其质的规定性。教育督导理论、方法和思想，都是由教育督导的本质决定的。因此，就必须对教育督导的本质加以研究。

教育督导的本质具有二重性，这是马克思主义关于管理问题的基本观点。马克思在《资本论》中指出："凡是直接生产过程具有社会结合过程的形态，而不是表现为独立生产者独立劳动的地方，都必然会产生监督劳动和指挥劳动。"这就是说，教育督导一方面是由许多人进行协作的，是由教育社会化引起的，是有效地组织共同推进教育所必需的，因此它具有同生产力、社会化大生产相联系的自然属性；另一方面，教育督导又是在一定的管理体制条件下进行的，必然体现出政府、业务部门的意志，因此，它具有同社会制度、教育管理体制相联系的社会属性。这两方面的属性就是教育督导的二重性。

　　教育督导的二重性是相互联系、相互制约的。一方面，教育督导的自然属性不可能孤立存在，它总是在一定的社会形式、教育管理体系条件下发挥作用；同时，教育督导的社会属性也不可能脱离教育督导的自然属性而存在，否则，教育督导的社会属性就会成为没有内容的形式。另一方面，教育督导的二重性又是相互制约的。教育督导的自然属性要求具有一定的社会属性的组织形式和生产关系与其相适应；同样，教育督导的社会属性也必然对教育督导的方法手段等方面发生影响或制约作用。

　　教育督导的二重性对认识我国的教育督导问题，探究教育督导的规律以及运用教育督导理论来指导教育督导实践是具有现实意义的。

1. 我们必须在遵循教育督导的自然属性要求，并在充分体现社会关系、管理体制的基础上，分析和研究我国的教育督导问题，这是建立具有中国特色的教育督导科学体系的基础。

2. 西方的督导理论、技术和方法是人类智慧的结晶，它同教育的发展一样，具有连续性，是不分国界的。因此，我们要在继承和发展我国已有的科学的教育督导经验和督导理论的同时，注意学习、引进国外先进的教育督导理论、技术和方法，根据我国的国情，融汇提炼，为我所用。

3. 由于教育督导总是在一定社会形态下进行的，体现着一定的统治阶层的意志，所以，在学习西方教育督导理论和教育督导经验时必须有鉴别有选择地加以利用，去其糟粕、取其精华是其基本原则。

4. 任何一种教育督导方法、技术和手段的出现总是有其时代背景的，也就是说，它是同经济发展水平及其他一些情况相适应的。因此，在学习和运用某些教育督导理论、原理、技术和手段时，必须结合本地区、本部门、本单位的实际情况，因地制宜，这样才能取得预期的效果。实践表明，不存在一个适用于古今中外的万能教育督导模式。

## 三、教育督导对象与特点

### （一）教育督导的对象

教育督导是行政执法监督，要监督教育法律、法规、方针、政策的执行情况。已经出台和将来出台的教育法律、法规，都需要通过加强教育督导，促进贯彻落实。1996年5月颁行的《中华人民共和国职业教育法》第十一条规定："县级以上地方各级人民政府应当加强对本行政区域内职业教育工作的领导，统筹协调和督导评估。"把职业教育也列入了地方各级人民政府教育督导工作的范围。

从我国实际出发，《教育督导暂行规定》明确教育督导的范围，现阶段主要是中小学教育、幼儿教育及其有关工作。同时规定："行使教育督导职权的机构可根据本级人民政府或同级教育行政部门的委托，对前款规定以外的教育工作进行督导。"

在全国和各地确定的教育督导范围内，教育督导对象是下级人民政府、教育行政部门和其他有关职能部门、办学单位和教育机构。为了加强本级政府教育执法情况的自我监督检查，一些地区的政府还授权督导机构对同级政府有关职能部门执法和履行职责情况进行监督、检查。

## （二）教育督导的特点

长期以来，人们一直认为教育督导是一种技能，而不是一门科学，他们只注重经验，却忽视了督导规律的研究。但是，随着时间的推移，越来越多的人已经或正在认识到，虽然各个领域、各类组织的督导活动各有其特殊性，但在这些特殊的督导活动中总会蕴涵着督导活动的一些共性的东西，即无论在社会的什么领域或什么类型的组织之中，教育督导活动都是按照一定的规律进行的，而且这些规律不会因组织的性质或类别的不同而不同。从此之后，以研究各种教育督导活动的普遍规律或普遍适应的原理和方法为任务的现代教育督导学才逐渐发展起来。归结起来，教育督导区别于其他教育检查、评估的标志性特点如下：

1. 工作性质的严肃性。督导部门组织的督导评估是政府管理教育的行为，其评估标准的制定和督导评估的实施，都必须以有关教育的方针、政策和法规为依据。在督导评估中发现有违规行为，督导部门和督导人员具有行政指令权，有权实施监督和指导的职责。法规的严肃性是行政指令性权威的保障。

2. 工作内容的综合性。现代教育督导的综合性表现为：在内容上，它涉及到教育工作的各个方面，需要从教育活动的各个领域、各个方面以及各种不同类型组织的管理活动中，概括和抽象出对各学段各类教育都具有普遍指导意义的督导思想、原理和方法。在方法上，它需要综合运用现代社会科学、自然科学和技术科学的成果，来研究教育督导活动过程中普遍存在的基本规律和一般方法。教育督导活动是很复杂的活动，影响这一活动的因素是多种多样的。因此，要搞好教育督导工作，必须考虑到教育内部和教育外部的多种错综复杂的因素，利用经济学、数学、心理学等的研究成果，以及运筹学、系统论、信息论、控制论、电子计算机等最新成就，对督导进行定性的描述和定量的预测，从中研究出行之有效的教育督导理论，并用以指导教育督导的实际工作。

3. 工作方式的继承性。任何一种方式都是实践和历史的产物，现代教育督导尤其如此。研究现代社会条件下进行的教育督导活动的基本运动规律和一般方法，与过去或传统的教育督导相比，肯定具有很多的特点。但它毕竟是在传统教育督导基础上发展起来的，它包含着过去，继承着过去。历史上概括和总结的许多方式方法，都是客观规律的反映，具有普适性，到现在仍不失其真理的光辉。即使是新的知识，也往往是过去知识的发展和升华。现代教育督导就是对前人督导实践、经验和督导思想、理论的总结、扬弃和发展，它实际上体现着时代性与历史性的统一。

4. 工作效能的实践性。现代教育督导更关注实际问题，解决实际问题，强化工作的实效性，其实践性十分突出。实践性指的是现代教育督导的理论直接来源于督导的实践活动，并且直接为督导实践活动提供指导。现代教育督导的实践性是由现代教育督导的本质决定的。因为现代教育督导从本质上讲是一门归纳的科学，是通过对众多的督导实践活动进行深入的分析、总结，并在此基础上形成结论的，大多数难于通过纯逻辑演绎方法来获得。这是现代教育督导实践性的最根本的决定因素。此外，实践性还表现为现代一系列管理理论要直接地运用于教育督导实践活动，不能用于指导教育督导实践的教育督导理论是没有一点生命力，不可能存在下去。这一点又决定了检验教育督导效能的标准只能是实践，也才有生命力，才能够不断地发展。

## 四　教育督导的体制体系

### （一）教育督导体制体系必须与教育管理体制相适应

教育行政机构改革的基本指导思想是：①要与社会主义市场经济体制和政治体制、科技体制相适应。②加强党和国家对教育事业的领导。③必须符合中央提出的各类教育管理原则。④转变机构的职能，加强宏观管理，实行简政放权，扩大地方和学校的办学自主权。⑤改革办学体制，改革政府包揽办学的格局。

建成与社会主义市场经济体制和政治体制、科技体制相适应的教育体制是一场新的革命。邓小平同志指出：这"不是对人的革命，而是对体制的革命"（《邓小平文选》第二卷，1993年版，279页）。这场革命，就是要从根本上变革长期以来形成的束缚生产力发展的高度集中的计划经济体制和运行机制，以及与之适应的旧教育体制。旧教育体制的弊端集中表现在两个方面：一是政校不分，政府及其教育行政机关包办了学校的职能，学校缺少应有的办学自主权。二是校社分离，学校与社会相互隔离，社会需求无法迅速地影响学校的办学方向。中小学往往只瞄准纵向的封闭的升学目标，而不瞄准横向的开放的社会需求的基础素质目标。

体制改革的目的就是要建立起充满生机和活力的，适应现代化大生产、大规模商品经济内在需要的社会主义市场经济体制，建立起与之相适应的政治体制、科技体制，以及与这些相适应的教育新体制。这样广泛而深刻的改革，已经并必将进一步引起经济、政治、教育、科技、文化在内的社会生活的深刻变化。同时，也已经并必将引起人们精神面貌、价值观念、生活方式、行为规范的重大变化。

在这新旧体制转换的社会转型期，由于宏观调控机制还不完善，政治文明建设、精神文明建设滞后于物质文明建设，价值观导向软弱无力。立法与执法监督相脱节，未能很好运用和强化法律手段来促进伦理道德建设，使商品人格几乎成为人们人格的普遍特征，人们分不清哪些应属于市场关系，哪些应属于非市场关系。学校的乱收费现象，就是把学校与学生关系看作市场关系，违背了《教育法》第25条规定："任何组织和个人不得以营利为目的举办学校及其他教育机构。"大有市场关系扩大到一切领域的趋势。正如马克思、恩格斯在批判资本主义的制度时所指出的："市场关系（即带有市场特征的各种人际关系）大有吞噬一切的趋势，许多原来处于市场以外的领域，也受到侵蚀，人类具有许多有价值的交往形式被贬低，造成道德沦丧。"（赵修义，《市场经济、经济学与伦理学》、《新华文摘》1994年5月）加强教育督导机构的执法监督和评估导向，是促使教育管理能正确适应市场经济的需求，端正思想、走出误区的有力手段。

推动体现国家意志的教育事业的改革和发展，必须坚持与加强党和国家对教育事业的领导。党和国家的领导主要体现在对立法、执法的领导。当前特别需要指出的是要由"应试教育"转变为素质教育。尽管从本世纪初基础教育进行了轰轰烈烈的课程改革，但"应试教育"所造成的弊端仍很严重，表现在以下几方面：①教育功能的局限性，强化了教育的"淘汰"功能而忽略了基础教育的基础性，普通高中的留级率、流失率和大年龄退学率居高不下。②教育内容上片面性，强化应试学科，淡化非应试学科，德育工作得不到应有的加强。体育、美育和劳技教育、通用技术得不到应有的兼顾，任意加减课时，艺术和劳技课、通用技术的开课率严重不足。③教学过程上的表面性，只注重学生的书面应试能力。这种教学方法是停留在表层性的强化训练，形成学生审题——解题的程式化和暂时性的条件反射，虽也能收到一定的效果但这是以牺牲想象力和创造力作为代价取得的。过多地强调了知识的整理和应用，知识的发生、发展讲得很少，割裂了知识结构的内在联系，压缩了知识形成的背景材料，无法使学生形成系统的知识网络。由于强化训练，学生课业负担过重的问题长期得不到解决。④教育效果上的虚假性。上述强化训练，虽也能收到一定暂时性的效果，但考试一过，这种"高分低能"学生的知识薄弱环节逐步暴露，跟不上一般学生的水平。

这就需要通过教育督导机构的执法监督和评价导向，端正办学方向，深刻认识"应试教育"的严重危害，采取有效对策，使之纳入提高民族素质的轨道，使党和国家的方针政策得到贯彻落实。

为了适应我国地域广大、发展不平衡的特点，必须实行基础教育"地方负责、分级管理、以县为主的原则"，这就意味着除大政方针和宏观规范由中央确定外，具体政策、制度、计划的制订和实施，以及对学校的领导、管理的责任和权力交给了地方。教育的管理由过去的高度集权转向分级负责、分工管理。因此，各级政府及其教育部门在管理活动中，仅仅依靠行政手段难以组织起有效的管理运行机制。

教育法制化是教育现代化的重要标志，强化教育执法监督功能已明白无疑地、历史地落在机构改革的任务之中，通过机构改革，建立起权威性的教育督导制度，加强教育执法的监督检查，将教育督导机构反馈信息纳入社会系统管理的大回路，以利于建立地方教育与地方经济、文化和社会协调发展，相互促进的良性循环机制。

要转变机构职能，必须在宏观上加强管理，在微观上尽力放活；必须逐步从以指令性为主的领导模式转变为以指导性为主的领导模式。实现这个转变要以强化的反馈、监督功能为前提。建立教育督导制度和机构是对教育宏观管理的一个重要环节。只有在宏观管理上有了反馈与监督的切实保证，才能在微观上尽力放活，同时又能调动各级政府和社会各界的办学积极性。

实行简政放权，让地方和学校有更多的办学自主权，能面向社会的需求作出独立决策，以改变学校与社会相互隔离的状态。目前，中小学校建立了以校长负责制为核心的学校内部管理体制。这项改革加快了基础教育体制的改革的步伐，但迫切需要加强宏观管理，需要教育督导机构对学校管理工作进行督导评估，以保证有关法律、法规和政策在地方与学校的落实。

在改革基础教育的领导体制的同时还需要改革办学体制，改变由政府包揽办学的格局，在微观放活后，社会各界出现了办学的热潮，各种不同的办学体制如雨后春笋，出现了民办公助，公办民助，个人或集体承办，学企联办，校校联办，国际合作办学等多层次、多样化的办学模式。这些学校均须坚持社会主义的办学方向，符合《教育法》第26条所列的办学基本条件。这就需要教育督导机构对其办学条件进行督导评估，作为政府在审核、批准时的依据；对其教育教学工作进行综合督导评估，以利分类指导；同时，对其依法治教情况进行监督检查。

### （二）教育改革和发展必须强化教育督导

《中华人民共和国教育法》的颁布和实施，标志着我们教育事业逐步走上全面依法治教的新时期，意味着教育管理从主要依靠行政命令，下达指令性计划和任务的直接管理模式改变为通过法律、规划、政策指导及必要行政手段进行管理的模式。为此，政府对教育的管理必须强化宏观调控和监督，这就需要建立一个强大的执法网络和有力的监督系统。

现实生活告诉我们，即使有了完备的法规，如果没有有效的执法和监督系统，仍会产生有法不依、执法不严的现象。《义务教育法》修订稿的颁布和实施已有四年，但不少地方教育经费财政拨款的那一部分仍未到位。《教师法》颁布实施十多年了，但仍有不落实待遇等现象的发生。因此，必须增强执法和监督的力度，必须组织强人的执法队伍，采用强制性法律手段来维护法律的尊严和政府所倡导的价值观念，以他律来促进自律，逐步形成自我约束的机制。

在《教育法》第二章"教育基本制度"中指出："国家实行教育督导制度和学校及其教育机构评估制度。"说明了教育督导制度是对教育工作实施国家监督的重要手段，是强化教育宏观调控主要形式和途径。为了加大执法和监督的力度，增强督导的活力，充分发挥依法监督的作用，必须在机构改革中充分注意到建立和完善教育督导制度，以加强督导工作。只有这样，才能纠正在教育发展和改革中出现的某些有法不依、执法不严、违法不究的现象。因此，强化执法和监督功能、完善教育督导制度，是实现教育行政机构改革战略目标的重大举措。

## （三）完善有中国特色的现代教育督导新体制

研究我国教育的国情，有两点是不可忽视的：一是社会主义制度决定了我国的教育督导是行政行为；二是社会主义发展的初级阶段决定了我国教育的法制建设正处于初级阶段，这就决定了我国的教育督导制度必须具有督政的职能。

现行的全国各地的教育督导体制总的说来有如下两种形式：一种是在政府内设置教育督导机构，在当地政府的领导下和上级教育督导机构的指导下开展工作。另一种是在教育行政部门内设置教育督导机构，在当地教育行政部门的领导和上级督导部门的指导下开展工作。

上述两种教育督导体制都可以实施监督检查、评估和指导工作，但是从督导效能上看，它们之间确有明显的差别。笔者认为，第一种体制是合理的、可行的、科学的。而另一种是属监督部门在执行部门领导下开展工作，这是与管理科学理论相背离的。管理科学认为，决策、执行和监控是一个完整的管理工作的闭合系统。决策系统的决策目标的实现，是由执行系统来完成的，而这一过程又需要监控，监控系统将决策目标是否科学、可行和执行系统的执行情况，反馈给决策中心；决策中心根据反馈来的信息，进行修正，完善决策目标，这样循环往复的进行，构成了管理工作的闭合回路。从教育督导工作的性质上看，其属教育工作的监控系统，而政府是决策系统；教育行政部门是执行系统。如果将教育督导机构置于教育行政部门领导之下，那么这个管理系统就不是闭合的。决策中心(政府)不可能及时、准确地获得对修正完善决策目标有价值的反馈信息，原来畅通的闭合回路就会受到堵塞和中断。这样的教育督导体制，实质上是教育行政部门内部自己督导自己，下级督导上级，同级督导同级。这样的地区和部门的教育督导工作很难正常开展，教育督导机构的独立性和权威性更无从谈起，大大降低了督导工作的效能，影响教育督导的职能作用的正常发挥。所以，各级政府和教育行政部门必须在完善教育督导体制上下功夫，以确保教育督导工作的健康发展。

督政职能的强化，使教育督导在教育管理体系中的地位呈现复杂的情况。目前的教育管理体系存在着大、小两个封闭回路。一个是教育行政部门管理的"小回路"，即教育行政部门的领导为决策系统，各职能处室为执行系统，教育督导机构为监控系统，共同组成一个教育内部管理的体系。教育督导机构的督学职能决定了其必须参加这一回路，以发挥其作用。第二个政府管理教育的大回路，即政府领导为决策系统，教育行政部门以及其他有关职能部门为执行系统，教育督导机构为监控系统，共同组成一个政府管理教育的"大回路"。教育督导机构作为同级政府设立的机构，应对下实行监督、检查、评估、指导职能，对上发挥反馈与咨询功能，为领导的科学决策提供依据，并为决策的贯彻提供保障。因此，不仅同级教育行政部门负责人要关心指导教育督导工作；同级政府的分管负责人更要加强对教育督导工作的领导和关心。

《教育法》、《义务教育法》、《教育督导暂行规定》等一系列法规政策，从立法角度进一步明确了教育督导机构的性质、作用、任务、职能、机构设置、编制、职称、督学的任免和待遇等，做到了有法可依、有章可循。但《国家中长期教育改革和发展规划纲要（2010—2020年》中央政治局于2010年6月21日通过，又对我们新时期的教育督导工作提出了新的要求。构建具有中国特色的教育督导新体制，推动教育改革和发展，需要广大教育理论工作者和管理实践者共同探讨、不断摸索。

# 主要参考文献

1. 湖南省基础教育课程改革实验领导小组办公室编. 普通高中课程改革知识问答. 内部资料, 2007.

2. 龚雄飞. 高中新课程教学改革问题与对策. 第二版. 呼和浩特：内蒙古人民出版社, 2007.

3. 严育识. 教育 我们还能做什么. 第一版. 北京：首都师范大学出版社, 2009.

4. 王铁军, 汪政主编. 超越与创新：学校教育现代化的理念与运作. 第一版. 南京：南京师范大学出版社, 2001.

5. 湖南教育委员会督导室编. 教育督导. 第一版. 长沙：湖南教育出版社, 1989.

6. 《教育督导》编辑部编. 教育督导法制建设与理论研究. 第一版. 北京：地震出版社, 1999

7. 国家教育委员会督导司编. 教育督导新进展. 第一版.

北京：北京师范大学出版社，1992.

8. 张毅龙. 教育督导随笔. 第一版. 长沙：湖南少年儿童出版社，2001.

9. 向宏业主编. 现代教育督导学. 第一版. 长沙：湖南教育出版社，1995.

10. 华东师大教育管理学院编. 教育督导文集，中国近代教育督导资料选编. 内部资料，1987年6月.

11. 张毅龙. 基础教育管理创新. 第一版. 长沙：岳麓书社，2007.

后

记

# 后　记

对于从山村走入省城的我，体验到了生活的艰辛，理解到了素质的重要。每每走进市县、乡村，走进校园、教室，我总是强烈地感到自己的义务和职责。为了忠实地完成这一职责义务，我坚持不懈地并努力对自己所从事的每项教育工作总是充满激情与理想。教育必要有文化。文化即化人。作为省级教育行政部门的工作者，必要有理性的素养。于是，我不断地逛书店选书、购书，每年还订阅一些报刊，畅游网络，浏览教育资讯，努力营造学习氛围。我告诫自己，每一天都是纳税人在供养我，激励我，鞭策我寻求和支持能提高教育教学质量的政策，并尽可能提供一切机会去帮助我们的工作对象，即我从事的每一项工作都必须对得住自己的良知、德性，哪怕在前人的基础上有那么一点点进步、一点点突破。为此，我总是促使自己或潜心书本，与先贤对话，与时贤共语；或"禅定"，将盘旋不去的思绪重新整理，让躁动的心静下来，问一问自己怎样做得更好。唯如此，心灵才宽慰、润贴。

然而，我的理想仍不时被现实击碎。我面对的现实，是复杂的社会，也是渐进的社会。自上而下的政策安排和制度设想在湖南，由于各地的社会基础方面的差异往往导致呈现的效果不同，在与各种地方性因素或"地方性知识"的互动交织中，政策执行并非是一个按部就班的线性过程。现在，我习惯于用"阿Q"精神才神闲气定。在工时、在工余，不离自身职责，我坚持，我努力，我踏实，哪管"春有百花秋有月，夏有凉风冬有雪"（星云大师偈子），哪怕逐渐霜打两鬓。在这过程中，不时有机会让我乐观和幸福。幸福在哪里？在理性的实践价值，在我独处品读中，在让我发言的地方，在发我文章的报刊，在请我讲演的校园，在我温馨的家庭，甚至在与友人酒酣闲谈中。

理想与现实的落差，我的大脑常常做着激烈的思想斗争，有时，我是感觉到那么失望和伤心。可20多年来，每每一冷静，意识到无法完全超越自己所生活于其中的时代和社会环境，意识到教育现实是过去和未来的中转站，是撇不开的。这种落差也为有价值的工作提供了广阔的空间。品味生活、工作之所以有滋有味，是因为路上有"拐角"，有"路障"，工作着本身就是一种幸福，更何况基础教育工作是涉人的尊严与福祉。追索教育的发展，越是重大教育理性决策的提出实际上都具有强烈的现实针对性。问题提出的水平决定了研究的水平，研究的水平决定了解决问题的水平。从而，要服"水土"。我时常警醒自己，面对浮躁繁荣，不要成为取悦的调料，保持一份理性，保持一颗平常心，去思考，去衡量，要求自己从骨子里多做自我反省。《易经·贲卦》云："刚柔交错，天文也；文明以止，人文也。"坚守自己的使命，正视国情省情境脉与实践实际，在调研中发现问题，在学习中寻找真理，从交流中演练思维，从实践中赢得价值，从而诠释本职工作的意义，延伸我的教育梦想，以内心的尺度衡量人生，用乐观和坚持活出我的教育生命。

秉持并践行这样的理念，证明自己在从事教育工作，总喜欢将自己所感所悟发表出来，与同仁分享。本书是我近四年对一些习以为常、不经意事项的思索。我认为，行动而不思考是噩梦。之所以结集出版，不是为了评职称，因为公务员用不着；不是为了让大家相信我的说辞，因为理论研究不深，实际了解不全；也无需虚美；我的用意在抛砖引玉。如果大家从中能就某一事项、某一观点，展开评议、研讨，从而能让我们获取新知，那是多么地有品啊！如果大家认同、支持并能在实践中予以修正完善某一点，从而有益于我们基础教育发展，有助于学生的成长，那是多么地有幸啊！因为我对生活充满了热情，对事业充满了爱心，对教育的未来充满了信心，寻求的就是无愧于心。

　　岁末年初，整理本书，仍是内心涌动的不息的教育激情，裸露一颗赤诚之心和探索之心，重整好行装和心情，特别是在迎接建党九十周年，全面落实国家教育规划纲要，教育价值观逐渐走向"本"和"源"时，更需要一份理性和清醒，更需要付出艰苦的努力和巨大的勇气，对教育进行更深入的学习和思考，紧紧围绕全面全程育人这个核心目标，进一步探索实施素质教育的途径和方法，为理想的教育而努力。当我联系湖南教育出版社，社长黄楚芳、书记贺正辉同志充满爱意，一口应承，我感到一种由衷的激动、兴奋、幸福。这不就是教育吗？爱是教育的根基。这种应承，温润了我心灵，保护了我倔强而自尊的心。读者朋友，为了今天和明天，你说，我能言放弃，能言乏力吗？

　　是以后记。

张毅龙

2011年2月10日于教育街居所